Oberst Siegfried Wagner

Helmut Schweckendieck

Oberst Siegfried Wagner

- Mitverschwörer vom 20. Juli 1944 -

Bibliografische Information der Deutschen Nationalbibliothek
Die Deutsche Nationalbibliothek verzeichnet diese Publikation in der
Deutschen Nationalbibliografie; detaillierte bibliografische Daten sind
im Internet über http://dnb.d-nb.de abrufbar.

Umschlagdesign, Satz, Herstellung und Verlag:
BoD – Books on Demand, Norderstedt

ISBN 978-3-7583-5301-7

Danksagung

An erster Stelle bedanke ich mich bei Klaus Zehe, dem 1934 in Ostpreußen geborenen ältesten Enkel Siegfried Wagners. Klaus hat sich sehr für Familiengeschichte interessiert und eine umfangreiche und systematische Materialsammlung über das Leben und Wirken seines im Widerstand gegen Hitler aktiv gewesenen Großvaters angelegt. Diese Sammlung hat sein Sohn Alexander nach dem Tod seines Vaters im September 2020 übernommen und sie mir dankenswerterweise im Frühjahr 2023 auf meine Bitte hin zur Verfügung gestellt.

Mein Dank gilt auch den Geschwistern meiner bereits im Sommer 2015 verstorbenen Ehefrau Gesa-Mariette, der jüngsten Enkeltochter von Siegfried Wagner; sowohl meiner Schwägerin Verena Vollmer als auch meinem Schwager Hans-Peter Mildebrath habe ich ergänzende Informationen über ihren Großvater und insbesondere über ihre Großmutter, die Witwe Siegfried Wagners, zu verdanken.

Schließlich gilt mein Dank meiner Lebensgefährtin Gisela Hampel, die mir bei der Gestaltung des Buches mit Fotos sehr behilflich war; außerdem hat sie wiederum sorgfältig-kritisch Korrektur gelesen.

Vorwort

Als ich meine spätere Ehefrau Gesa-Mariette Anfang Dezember 1978 kennenlernte und sich dann im Laufe der nächsten Monate eine engere Beziehung zwischen uns entwickelte, erzählte sie mir relativ bald von ihrem Großvater Siegfried Wagner. Ich merkte schnell, dass der Großvater für Gesa eine große Bedeutung hatte, obwohl sie ihn ob ihrer Geburt im Jahre 1952 nicht hatte persönlich kennenlernen können. Denn er war als Oberst der Wehrmacht in die Umsturzpläne der Männer um Stauffenberg eingebunden und sollte kurz nach dem 20. Juli 1944 von der Gestapo in seiner Wohnung in Potsdam verhaftet werden. Er versuchte, sich der Verhaftung durch einen in Suizidabsicht erfolgten Sprung aus dem Fenster zu entziehen, und wurde schwer verletzt in das Konzentrationslager Sachsenhausen gebracht, wo er nach pausenlosen Verhören und ohne adäquate medizinische Versorgung wenige Tage später verstarb. Dies alles erfuhr ich nach und nach aus den Erzählungen meiner späteren Ehefrau. Zwar war ich auch schon zuvor an Zeitgeschichte interessiert, aber einen direkten Bezug zu Personen des Widerstandes hatte ich nicht. Dies änderte sich nun mit dem Wachsen der Beziehung zu meiner Frau. Wir besuchten regelmäßig die Gedenkveranstaltungen zum 20. Juli im Bendlerblock in der Stauffenbergstraße und in der Gedenkstätte Plötzensee, ebenso die jährlichen Zusammenkünfte der Angehörigen am Vorabend des 20. Juli, zunächst im Rathaus Schöneberg, nach der Vereinigung der beiden deutschen Staaten am 3. Oktober 1990 dann im Roten Rathaus. Auf diese Weise lernte ich einige der Nachfahren der Verschwörer von damals kennen. Auch zu Gruppierungen aus anderen Bereichen des Widerstandes wurden über die „Stiftung

20. Juli 1944" Verbindungen geknüpft, so zum „Kreisauer Kreis". Auf einer Tagung im November 2001 auf dem ehemaligen Gut Kreisau im heutigen Polen lernte ich die seinerzeit schon 90-jährige Freya von Moltke kennen, die Witwe des am 23. Januar 1945 in Plötzensee hingerichteten Gründers des „Kreisauer Kreises" Helmuth James Graf von Moltke; sie war trotz ihres Alters eine modern, ja geradezu jugendlich wirkende Frau mit einer ungemein beeindruckenden Persönlichkeit.

Im Laufe der Zeit reifte in meiner Frau der Entschluss heran, über ihren Großvater ein Buch zu schreiben, weil Einzelheiten seines Lebens und Details seiner Rolle im Widerstand gegen Hitler relativ wenig bekannt waren. Diesen Entschluss in die Tat umzusetzen war meiner Frau nicht mehr vergönnt. Sie starb im Sommer 2015. Es vergingen mehrere Jahre, bis sich in mir der Gedanke entwickelte, dieses Vorhaben meiner Frau – gleichsam als ihr Vermächtnis – zu verwirklichen. Als diese Überlegungen konkreter wurden und ich mich mit der Thematik etwas intensiver beschäftigte, stellte ich fest, dass es durchaus schwierig war, insoweit an fundierte Informationen zu gelangen. Allgemein zugängliche Quellen in der Fachliteratur und im Internet waren nur begrenzt ergiebig. Zeugen, die Siegfried Wagner noch persönlich kennengelernt hatten und sich auch an ihn erinnern konnten, gab es nicht mehr. Sehr hilfreich für mein Vorhaben war der Umstand, dass der Vater von Siegfried Wagner, der Justizrat Franz Wagner, ausführliche Lebenserinnerungen verfasst hatte. Diese in vier Heften handschriftlich und in für uns Nachgeborene nur schwer lesbarer Sütterlinschrift verfassten Berichte hat Klaus Zehe, der bereits in der Danksagung erwähnte 1934 geborene älteste Enkel Siegfried Wagners und zugleich der älteste Cousin meiner Ehefrau, in mühevoller Arbeit in lateinische Druckschrift „übersetzt", drucken und in zwei Bänden binden lassen. Dafür bin ich Klaus, der seinen Großvater noch intensiv kennenlernen durfte, sehr dankbar, auch dafür, dass wir im Mai 2005 auf einer gemeinsamen Fahrt nach Ost- und Westpreußen einige der für die Geschichte der Familie Wagner bedeutsamen Orte kennenlernen konnten. Insbesondere aber die von Klaus zusammengetragene umfangreiche Materialsammlung über seinen Großvater war die entscheidende Hilfe für mein Vorhaben; ohne diese Sammlung hätte ich das vorliegende Buch nicht schreiben können.

Neben der Auswertung der ergänzenden Informationen, die ich aus Erzählungen der beiden älteren Geschwister meiner Frau über ihre Großeltern erhielt, versuchte ich auch, mich an Berichte meiner Ehefrau über den Großvater und über ihre im November 1963 verstorbene Großmutter Carla-Luise zu erinnern.

Ich hoffe, dass es mir gelungen ist, mit dem vorliegenden Buch das Leben von Siegfried Wagner einigermaßen vollständig nachzuzeichnen. Es handelt sich bei meinen Ausführungen weder um ein Geschichtsbuch noch um ein wissenschaftliches Werk im eigentlichen Sinne. Gleichwohl habe ich mich bemüht, die historischen Fakten zutreffend wiederzugeben; auch habe ich, soweit ich in Zitaten oder sonst Anleihen bei anderen Autoren genommen habe, auf die jeweiligen Fundstellen hingewiesen. Wichtig war es mir, den Versuch zu unternehmen, die wechselvolle Lebensgeschichte dieses mutigen Mannes aus persönlich-familiärer Sicht darzustellen.

Angesichts der Tatsache, dass er in der finstersten Zeit der deutschen Geschichte zu den wenigen Menschen gehörte, die sich dem Terror- und Mordregime der Nationalsozialisten entgegenstemmten, und er diesen Einsatz mit seinem Leben bezahlte, verdient er es, dass wir uns seiner erinnern.

Inhaltsverzeichnis

I

Kindheit und Jugend

Graudenz an der Weichsel (heute Grudziadz) blickt – wie
so viele Städte, Orte und Dörfer im ehemals deutschen
Osten – auf eine wechselvolle Geschichte zurück. Erste
Siedlungsspuren stammen aus dem 10. Jahrhundert; die
Pruzzen, ein baltischer Volksstamm, hatten in der dortigen
Gegend einen befestigten Ort errichtet. Rund 250 Jahre
später, nämlich durch einen Vertrag von 1230, trat Konrad
von Masowien, der diesen Landstrich zur fraglichen Zeit
beherrschte, das Kulmer Land mitsamt der Stadt Graudenz
an den Deutschen Orden ab. Graudenz entwickelte sich im
14. Jahrhundert zu einem Zentrum des Getreidehandels,
wurde 1466 der Schutzherrschaft der Krone Polens unterstellt und später Sitz des Landtages von Polnisch-Preußen.
Im zweiten nordischen Krieg wurde die Stadt 1655 von
den Schweden eingenommen und 1659 von polnischen
Truppen zurückerobert. Dabei wurde die Stadt weitest-
gehend zerstört, später im „Graudenzer Barock" prächtig
wieder aufgebaut. Durch die erste polnische Teilung kam
Graudenz 1772 unter Friedrich dem Großen zum Königreich Preußen; die Stadt war nun Teil der Provinz Westpreußen. Nach dem Bau von Eisenbahnlinien und einer
Brücke über die Weichsel entwickelte sich Graudenz zu
einem prosperierenden Industriestandort. Im Jahre 1900
wurde sie, rund 35.000 Einwohner zählend, kreisfreie
Stadt; sie war Sitz sowohl eines Amtsgerichts wie auch
eines Landgerichts. Bis einschließlich 1919 gehörte Graudenz zum Deutschen Reich. Aufgrund der Bestimmungen
des Versailler Vertrages musste Graudenz im Januar 1920
bei einem deutschen Bevölkerungsanteil von rund 84 %

wegen der Errichtung des Polnischen Korridors an Polen abgetreten werden. Nach dem Überfall der Wehrmacht auf Polen 1939 kam der polnische Korridor wieder zum Deutschen Reich. Gegen Ende des zweiten Weltkrieges wurde Graudenz von der Roten Armee eingekesselt und von der Wehrmacht zur Festung erklärt. Am 6. März 1945 erfolgte die Kapitulation; die Stadt war zu mehr als 60 % zerstört. Nach dem Krieg wurde die Stadt wieder Teil Polens. Es erfolgte eine Zuwanderung durch polnische Bevölkerungsschichten, die zu einem Teil aus den nunmehr der Sowjetunion zugeschlagenen Gebieten Ostpolens stammten. Die deutschen Einwohner wurden, soweit sie nicht bereits geflohen war, größtenteils vertrieben. Heute hat die Stadt, die jetzt Grudziadz heißt, etwa 95.000 Einwohner. Auf unserer von Klaus Zehe organisierten gemeinsamen Reise in die „familiäre Vergangenheit" im Mai 2005 nach Polen besuchten wir auch Graudenz; die malerische Lage am Weichselstrom gibt ihr etwas Besonderes.

In diesem Städtchen wurde Siegfried Julius Karl Wagner am 16. Februar 1881 geboren. Er war das erste Kind seiner Eltern Franz und Alice Wagner, die am 15. März 1880 geheiratet hatten. Franz Wagner war bei der Geburt seines Sohnes 30 Jahre alt und seit genau einem Jahr in Graudenz als Rechtsanwalt zugelassen. Im Jahre 1899 – kurze Zeit nach dem Umzug der Familie nach Berlin – wurde Franz Wagner mit dem Ehrentitel „Justizrat" ausgezeichnet, der in den Bundesländern Saarland und Rheinland-Pfalz auch heute noch verdienten Rechtsanwälten verliehen wird. Seine fünf Jahre jüngere Frau Alice entstammte ebenfalls einer Juristenfamilie. Die jungen Eltern waren offensichtlich sehr stolz auf ihren ersten Sohn und verschickten so schnell eine Geburtsanzeige, dass sie darin noch nicht einmal den Namen ihres Erstgeborenen benennen konnten.

In den folgenden zwölf Jahren bekam das Ehepaar insgesamt acht Kinder, zunächst immer abwechselnd einen Jungen und ein Mädchen; diese Reihenfolge änderte sich erst beim letzten Kind, einem im Frühjahr 1892 geborenen Jungen. Dieses letzte Kind war von schwächlicher Konstitution. Einer Ansteckung mit Scharlach konnte er nicht genügend Widerstandskräfte entgegensetzen; so verstarb der jüngste Sohn Fritz bereits, bevor er seinen fünften Geburtstag erreicht hatte. Die Eltern haben nicht nur ihren jüngsten Sohn frühzeitig verloren. Sie hatten später weitere herbe Verluste zu tragen; ihre Söhne Franz und Eberhard sind beide im ersten Weltkrieg gefallen, Franz im Alter von 24 Jahren, Eberhard mit 28 Jahren. Die Eltern hatten zudem auch den relativ frühen Tod ihrer jüngsten Tochter Rose im Jahr 1927 zu beklagen. So haben nur vier von acht Kindern die Eltern überlebt.

Auf einem Foto aus unbeschwerten Tagen im Jahre 1895 ist die gesamte zehnköpfige Familie mit dem in der Bildmitte stehenden damals vierzehnjährigen Siegfried Wagner zu sehen.

Bemerkenswert ist der für die damalige Zeit durchaus ungewöhnliche liberale Erziehungsstil, den die Eheleute Franz und Alice Wagner an den Tag legten. In seinen Lebenserinnerungen äußert sich Franz Wagner dazu wie folgt:

„Bei der Erziehung sind wir davon ausgegangen, dass die Eltern ... die Pflicht haben, sich die Liebe ihrer Kinder täglich zu erwerben. Gutes Beispiel ist die Hauptsache und die ganze Art, wie es im Haus zugeht, Friedlichkeit, Güte, Anstand und Heiterkeit, die im Hause wohnen, sind von nachhaltiger Wirkung für die Kinder. Wir vermieden es, zu befehlen und zu verbieten."

Eine indirekte Beziehung hatten meine Frau und ich zu der Tochter Anneliese, natürlich ohne dieses etwa um 1886/87 geborene vierte Kind des Ehepaares Wagner jemals kennengelernt zu haben. Anneliese hatte den damals eher ungewöhnlichen Wunsch, Schauspielerin zu werden, und setzte diesen Wunsch gegenüber ihren diesbezüglich etwas skeptischen Eltern durch. Aus der Ehe mit einem Schauspielerkollegen gingen im Sommer 1915 die Zwillinge Peter und Eberhard hervor. Eberhard, genannt „Ebchen", der nach dem zweiten Weltkrieg in die USA nach New York emigrierte, hat seine Cousine Ingeborg Mildebrath, die älteste Tochter von Siegfried Wagner und zugleich meine Schwiegermutter, von Zeit zu Zeit in ihrem Haus in Lichterfelde besucht; so habe ich ihn noch kennengelernt. Wir haben „Ebchen" und seine Frau Christine auch einmal im New Yorker Stadtteil Queens besucht. Überdies steht eine schöne halbrunde Kommode, die meine Schwiegermutter vor Jahren ihrer Tante Anneliese abgekauft hatte und die nach dem Tod der Schwiegermutter in unseren Haushalt gelangt ist, bei mir im Ilsensteinweg im Wohnzimmer.

Das Ehepaar Wagner zog in Graudenz mehrfach um. Zunächst bewohnten sie nacheinander drei verschiedene Mietwohnungen. Als die Familie dann immer größer wurde, fassten die Eheleute den Entschluss, ein eigenes Haus zu bauen, gelegen am Stadtrand mit guter Bahnverbindung zum Gericht. In diesem nach heutigen Maßstäben durchaus repräsentativen Haus mit Garten verbrachte die Familie unbeschwerte Jahre.

Der älteste Sohn Siegfried, genannt Friedel, interessierte sich schon in frühen Jahren für das Militär. Im Garten spielte er gerne mit Zinnsoldaten, kämpfte gegen Riesen und kommandierte Bäume, die er zu Soldaten umfunktioniert hatte. Im Frühjahr 1898 entschloss sich der Vater, aus beruflichen Gründen aus dem beschaulichen Graudenz in die pulsierende Großstadt Berlin umzusiedeln. Den sieben Kindern fiel der Wechsel aus dem liebgewonnenen Haus mit Garten in die Beengtheit einer Berliner Mietwohnung schwer, zumal sie sich auch in Berlin mit einem aus heutiger Sicht nicht recht nachvollziehbaren häufigen Wechsel der Mietwohnungen abfinden mussten. Siegfried war zum Zeitpunkt des Umzuges 17 Jahre alt und besuchte die letzte oder vorletzte Klasse des Gymnasiums (Franz Wagner spricht in seinen Erinnerungen von dem erlangten „Primanerzeugnis"). Sein Entschluss, eine Offizierslaufbahn anzutreten, stand fest. Vater und Sohn überlegten nun, ob es ratsam sei, dass Siegfried noch das Abitur machen sollte, zumal er ein guter Schüler war. Den beiden wurde geraten, es sei für Siegfried angezeigt, ohne Abitur möglichst unverzüglich die militärische Laufbahn anzutreten, da anderenfalls wegen der Zeitverzögerung durch den weiteren Schulbesuch die Kameraden immer schon in jüngeren Jahren die Chance hätten, auf der Karriereleiter weiter nach oben zu klettern. Also verließ Siegfried die Schule ohne Abitur, besuchte einige Monate in Berlin die Fähnrichschule und machte dort ein sehr gutes

Examen. Danach zog es ihn zurück nach Graudenz und er trat am 3. Januar 1899 – noch nicht ganz 18 Jahre alt – als Fahnenjunker in das Infanterieregiment 141 ein. Die Zeit der Jugend war vorbei.

II

Ehe und Familie

Seine militärische Laufbahn hat Siegfried Wagner indirekt dazu verholfen, seine spätere Ehefrau kennenzulernen. Zunächst wurde er zwei Jahre an der Unteroffiziersschule Weißenfels in Sachsen-Anhalt ausgebildet, später besuchte er drei Jahre die Kriegsakademie, vermutlich die in Berlin angesiedelte preußische Kriegsakademie, die die Ausbildung von Generalstabsoffizieren zum Ziel hatte. Während dieser Zeit lernte er die Schwester eines Kameraden kennen, Carla-Luise Kühns, geboren am 11. Februar 1880 in Hannover, die Tochter eines Zahnarztes. Carlas Mutter stammte aus der französischen Schweiz, französisch war für sie wie eine zweite Muttersprache. Später ließ sie sich daher von ihren Enkeln auch nicht „Großmutter" sondern „grand-mere" nennen. Am 24. Februar 1906 – Siegfried war 25 Jahre und 8 Tage alt, seine Braut 26 Jahre und 13 Tage – heirateten die beiden in Hannover.

Gut zehn Monate später, am 29. Dezember 1906, wurde Ingeborg Helene, ihre erste Tochter, in Graudenz, wo der Vater als Soldat Dienst tat, geboren. Ingeborg, bald von allen ihr nahestehenden Personen nur „Inge" oder auch „Ingchen" genannt, wurde 75 Jahre später meine von mir sehr geschätzte Schwiegermutter. Im Oktober 1924 besuchte Siegfried mit seiner damals noch nicht 18-jährigen ältesten Tochter seine Eltern, die damals in dem heute zu Polen gehörenden Crossen an der Oder wohnten (es fällt auf, dass die Eltern von Siegfried Wagner extrem oft umgezogen sind; ob das auf eine gewisse Unstetigkeit zurückzuführen oder äußeren Zwängen geschuldet ist, entzieht sich meiner Kenntnis). Inge blieb nun für mindestens ein Jahr – jedenfalls bis zu ihrer Verlobung im Oktober 1925 mit dem Prokuristen Peter Mildebrath – im Haushalt der Großeltern, um diese zu unterstützen. Dass sie in so jungen Jahren in allen Zweigen der Haushaltsführung bewandert war, wie ihr Großvater in seinen Lebenserinnerungen bekräftigt, lag daran, dass sie bereits eine Haushaltsschule – nach meinem Wissen in Kassel – besucht hatte und sich als „Hauswirtschaftsleiterin" bezeichnen durfte. Ob der Aufenthalt bei den Großeltern auch etwas mit einer angeblichen Romanze mit einem vor der Revolution aus Russland geflohenen Grafen zu tun hatte, die unterbunden werden sollte, konnten später die Kinder von Ingeborg und ihre jüngeren Schwestern nie herausfinden; Inge schwieg zu diesem Thema beharrlich.

Nach zweieinhalbjähriger Verlobungszeit heiratete sie im März 1928 den Kaufmann Johannes Peter Mildebrath. Beide hatten zusammen vier Kinder, wobei sie sich durchaus Zeit ließen. Ihre erste Tochter Gisela wurde im Jahre 1937 geboren (zuvor hatte das Ehepaar eine Doppelhaushälfte im Weddigenweg in Lichterfelde erworben), der Sohn Hans-Peter im Dezember 1943; diese beiden Enkel hat Siegfried Wagner noch kennengelernt. Das dritte Kind Verena kam im Mai 1947 in einer schwierigen Zeit zur Welt und meine spätere Ehefrau Gesa-Mariette wurde am 4. Mai 1952 geboren; ihre Taufe wurde zeitgleich mit der silbernen Hochzeit ihrer Eltern gefeiert, ein ungewöhnliches Zusammentreffen. Meine Schwiegermutter verstarb nach einem erfüllten Leben im Dezember 1995 im Alter von fast 89 Jahren.

Nachdem Siegfried Wagner dienstlich nach Berlin abkommandiert war und dort mit seiner Ehefrau auch wohnte, erblickte ihre zweite Tochter am 20. Januar 1911 in Berlin-Wilmersdorf das Licht der Welt. Ruth-Felicitas wurde aus Gründen, die ich nicht ermitteln konnte, in ihrem späteren Leben nur „Hotta" genannt; mit diesem Namen, als „Tante Hotta", habe auch ich sie kennengelernt. Im Jahre 1933 heiratete sie Karl Zehe, einen Gutsbesitzer aus dem Kreis Neidenburg in Ostpreußen; in Dietrichsdorf auf dem Gut machte sie sich schnell mit den Abläufen auf dem landwirtschaftlichen Betrieb vertraut und wurde alsbald die dort allgemein anerkannte Gutsherrin, zumal während der kriegsbedingten Abwesenheit ihres Mannes. Am 18. April 1934 wurde der gemeinsame Sohn Klaus in Allenstein geboren. Klaus ist der älteste Enkel von Siegfried Wagner. Wie ich eingangs bereits erwähnt habe, hätte ich dieses Buch ohne die umfangreiche Materialsammlung, die Klaus im Laufe der Jahre über seinen Großvater angelegt hat, nicht schreiben können. Tante „Hotta" war eine intelligente und tüchtige Frau; nach Kriegsende und Verlust des Gutes in Ostpreußen trug sie durch unterschiedliche Tätigkeiten maßgeblich zum Unterhalt der Familie bei. Im nicht mehr jugendlichen Alter studierte sie noch an einer pädagogischen Hochschule und war danach noch mehr als zehn Jahre als Lehrerin in Nordrhein-Westfalen tätig. Im Jahre 1988 – sie war bereits 77 Jahre alt – wandte sie sich mit Schreiben vom 22. April an den Vorsitzenden des Promotionsausschusses der Hochschule Lüneburg mit der Anregung eines Forschungsauftrages zur politischen Entwicklung in Europa und einer eventuellen „Spätpromotion". Bemerkenswert aus meiner Sicht ist in diesem Schreiben auch die Erwähnung von Dr. Klaus Hesselbarth aus Scharnebek (gelegen in der Nähe von Lüneburg), mit dem sie zur fraglichen Thematik ein interessantes Gespräch geführt habe. Klaus Hesselbarth, in Ostpreußen geboren, ist ein auch mir von verschiedenen Besuchen gut bekannter Cousin meiner Mutter; mit seiner jüngsten Tochter Friederike habe ich bis heute Kontakt.

Tante Hotta verstarb im Oktober 1994.

Gisela, die dritte Tochter von Siegfried und Carla Wagner, wurde am 1. August 1912 ebenfalls in Berlin geboren. Gisela heiratete Ende April 1937 in Potsdam einen Luftwaffenoffizier mit dem klangvollen Namen Otto Freiherr Senarclens de Grancy. Gemeinsam bekam das Paar in relativ kurzer Zeit vier Kinder, drei Söhne und eine Tochter, geboren in den Jahren 1938, 1940, 1942 und 1944. Der jüngste Sohn ist wenige Wochen nach dem gewaltsamen Tod des Großvaters geboren worden. Die Familie ereilte ein schweres Schicksal; der Ehemann fiel am 16. April 1945, kurz vor Kriegsende, in der Lüneburger Heide. Gisela blieb mit vier kleinen Kindern alleine zurück. Sie zog mit den Kindern, die später alle beruflich erfolgreich waren, nach Graz zur Schwiegermutter, eine durchaus nicht einfache Konstellation. Meine Frau hatte zu ihrer Tante Gisela ein gutes Verhältnis. Nach unserer Eheschließung im Jahre 1982 und der Geburt unseres Sohnes Robert im Oktober 1983 besuchte uns Tante Gisela sowohl in unserer kleinen Dachwohnung in der Niklasstraße als auch später in dem von mir auch jetzt noch bewohnten Reihenhaus im Ilsensteinweg häufiger. Der längste Logierbesuch währte vier Wochen, Gisela genoss diese Zeit im von ihr so bezeichneten „Sanatorium Ilsenstein". Sie verstarb im Januar 2002 im Alter von fast 90 Jahren in Graz. Zu ihrem Enkel Moritz, der auch regelmäßig die Veranstaltungen zum 20. Juli in Berlin besucht, habe ich kürzlich den Kontakt wieder aufgefrischt.

Die jüngste Tochter Ursula, genannt Ulla, wurde am 9. Mai 1915 in Hannover geboren. Sie heiratete mit 21 Jahren in Potsdam, das Ehepaar bekam einen Sohn, den am 27. Dezember 1938 geborenen Peter. Die Ehe wurde relativ bald geschieden. Nach dem Krieg lebte Ursula in Berlin. Sie erkrankte später schwer an Multipler Sklerose und verbrachte bis zu ihrem Tod im Jahre 1984 viele Jahre in einem Pflegeheim in Wannsee; vorher lebte sie in einer Mietwohnung in Schlachtensee. Als meine Eltern mit meiner Schwester und mir 1960 ebenfalls nach Schlachtensee in die Niklasstraße zogen, sah ich als kleiner Junge häufig eine Frau mittleren Alters beim langsamen Spaziergang in einer Art von „Fahrgestell"; ohne es zu wissen, hatte ich Gesas jüngste Tante zu diesem Zeitpunkt bereits „vom Sehen" kennengelernt. Zu dem Sohn Peter, der später einer der Paten unseres Sohnes Robert wurde, hatten wir eine recht intensive Verbindung, die auch nach dem Tod von Gesa im Sommer 2015 und Peters Tod im Jahre 2022 zwischen mir und seiner Witwe Uschi weiter anhält.

Auf einem Familienfoto der Eltern Siegfried und Carla Wagner mit ihren vier Töchtern, das vermutlich in den frühen 1920-er Jahren entstanden sein dürfte, ist oben in der Mitte die älteste Tochter Ingeborg mit einer feschen „Hahnenkamm-Frisur" zu sehen. Beeindruckend sind ihre großen und ausdrucksstarken Augen.

Diese Augen hat Ingeborg ihrer jüngsten Tochter Gesa-Mariette, meiner Ehefrau, vererbt. Wenn mich meine ältere Enkeltochter Layla, geboren im November 2014, ansieht, sehe ich diese Augen in einer dunklen Variante wieder.

III

Offizier im ersten Weltkrieg

„Die Schüsse von Sarajevo" gelten als der Auslöser des ersten Weltkrieges. Am 28. Juni 1914 hatte ein 19-jähriger Serbe, der Mitglied einer serbisch-nationalistischen Bewegung war, in Sarajevo den österreichisch-ungarischen Thronfolger Franz Ferdinand und seine Frau Sophie, die in einem offenen Kraftfahrzeug unterwegs waren, erschossen. Es handelte sich um ein bereits längere Zeit geplantes Attentat. Der Anschlag wurde von Österreich-Ungarn als Anlass für ein geplantes militärisches Vorgehen gegen Serbien verwendet. Vorsorglich ersuchte Österreich-Ungarn Deutschland um Rückendeckung für seine Pläne. Mit Telegramm vom 6. Juli 1914 sicherte Deutschland seine volle Unterstützung bei einem etwaigen Vorgehen gegen Serbien zu, erteilte damit einen „Blankoscheck". Bulgarien, Rumänien und die Türkei schlossen sich dem an. Am 23. Juli 1914 stellte Österreich-Ungarn Serbien ein hartes Ultimatum, wonach jegliche Abtrennungsbestrebungen von Einzelpersonen oder Gruppen zu verurteilen und streng zu ahnden seien. Einen Tag später, am 24. Juli 1914, sicherte Russland dem befreundeten Serbien seine erforderlichenfalls auch militärische Unterstützung zu. Obwohl Serbien große Teile des Ultimatums annahm, erklärte Österreich-Ungarn drei Tage nach Ablauf der für die Erfüllung des Ultimatums eingeräumten Frist Serbien am 28. Juli 1914 den Krieg. Am 30. Juli 1914 begann daraufhin Russland mit der Mobilmachung. Dies veranlasste das Deutsche Reich am 1. August 1914 zur Kriegserklärung gegen Russland und zwei Tage später, am 3. August 1914, gegen Frankreich. Bereits am 4. August 1914 marschierten deutsche

Truppen zur Umgehung der Verteidigungslinien Frankreichs in das neutrale Belgien ein. Daraufhin trat auch Großbritannien als Schutzmacht Belgiens in den Krieg ein, der nun als „Weltkrieg" anzusehen war.

Nachdem im Westen die unterschiedlichen Offensiven beider Seiten nach wenigen Monaten gescheitert waren, begann dort der jahrelange zermürbende Stellungskrieg mit millionenfachem Tod und oftmals nur wenigen hundert Metern wechselseitigem Gebietsgewinn. Dieses sinnlos erscheinende Ringen ist zuletzt in der preisgekrönten Neuverfilmung des Romans von Remarque „Im Westen nichts Neues" in beeindruckend-schrecklicher Weise anschaulich gemacht worden. Im Osten drangen russische Armeen bereits Mitte August 1914 in Ostpreußen ein, konnten dann aber unter dem Oberbefehl von Paul von Hindenburg Ende August 1914 in der Schlacht von Tannenberg (tatsächlich fand die mehrtägige Schlacht südlich von Allenstein statt) deutlich geschlagen und zurückgedrängt werden.

Ohne dass ich hier den weiteren Kriegsverlauf in seinen Einzelheiten darstellen kann und will, bleibt festzuhalten, dass die USA am 6. April 1917 dem Deutschen Reich ebenfalls den Krieg erklärten, dass im Spätherbst desselben Jahres in Russland die Revolution begann, die zur Folge hatte, dass es am 15. Dezember 1917 zu einem Waffenstillstand zwischen den sogenannten Mittelmächten (Deutsches Reich, Österreich-Ungarn, Osmanisches Reich, Bulgarien) und Sowjetrussland kam. Am 3. März 1918 unterzeichnete Sowjetrussland den Friedensvertrag von Brest-Litowsk, wodurch die Mittelmächte, insbesondere das Deutsche Reich, neuen Handlungsspielraum für die Westfront bekamen. Die deutsche Frühjahrsoffensive an der Marne scheiterte nach anfänglichen Erfolgen an erheblichen Nachschubproblemen. Die Großoffensive der

Alliierten im August 1918 führte zum weitgehenden Zusammenbruch der deutschen Verteidigung. Am 14. August 1918 stufte die oberste Heeresleitung des Deutschen Reiches die militärische Lage als aussichtslos ein. Sechs Wochen später forderten die militärischen Führer Hindenburg und Ludendorf die Reichsregierung zur Aufnahme von Waffenstillstandsverhandlungen auf. Die am 3. Oktober gewählte neue Regierung unter Reichskanzler Max von Baden ersuchte den US-Präsidenten Wilson um einen Waffenstillstand und Friedensverhandlungen, wozu es aber nicht kam, weil die deutsche Seite die von den Alliierten geforderte Abdankung des Kaisers zunächst ablehnte. Nach mehr als vier Jahren Krieg waren sowohl die deutsche Bevölkerung als auch Teile des Militärs kriegsmüde. Mit der Anfang November 1918 ausgebrochenen Meuterei der Matrosen in Kiel, die sich Befehlen zum Auslaufen der Flotte zu einem – aussichtslosen – letzten Kampf gegen die britische Flotte widersetzten, begannen landesweite Aufstände sowohl von Teilen des Militärs als auch in der Zivilbevölkerung, die seit Jahren unter der kriegsbedingten Mangelwirtschaft litt. Das politische und gesellschaftliche Gefüge geriet aus der Bahn, Deutschland versank im Chaos. Arbeiter- und Soldatenräte wurden vielerorts gegründet. Schließlich verkündete Max von Baden am 9. November 1918 die Abdankung des Kaisers und übergab die Regierungsgeschäfte an den Sozialdemokraten Friedrich Ebert. Philipp Scheidemann rief an diesem in vielfacher Hinsicht geschichtsträchtigen Datum von einem Balkon des Reichstagsgebäudes die Republik aus, Karl Liebknecht wenige Stunden später vom Berliner Stadtschloss aus eine sozialistische Republik. Am 11. November 1918 unterzeichnete der Staatssekretär Matthias Erzberger, Angehöriger der Zentrumspartei, für das Deutsche Reich in einem Zugabteil im Wald von Compiegne den Waffenstillstand. Die militärische Führung hatte sich insoweit aus der Verantwortung gestohlen und die anstehenden Verhandlungen mit den Kriegsgegnern der Politik zugeschoben; damit hatte sie die Voraussetzungen für die vornehmlich von Ludendorf gestrickte Legende des „Dolchstosses" in den Rücken der „im Felde unbesiegten" Deutschen Armee geschaffen, bald entstand auch das Schlagwort von den „Novemberverbrechern", als deren Hauptakteur Erzberger angesehen wurde. Drei Jahre später wurde Erzberger von Rechtsextremisten ermordet.

Der Waffenstillstand vom 11. November 1918 kam einer bedingungslosen Kapitulation gleich, das Deutsche Reich ergab sich, ohne irgendwelche Bedingungen stellen zu können.

Der erste Weltkrieg hat die unvorstellbare Zahl von etwa 10 Millionen toten Soldaten und rund 7 Millionen toten Zivilisten gefordert.

Siegfried Wagner nimmt als Berufsoffizier vom ersten bis zum letzten Tag an diesem Krieg teil. Bereits 1913 ist er zum Generalstab einberufen worden und zieht als Generalstabshauptmann in den Krieg. Über die einzelnen Stationen und Aufgabenbereiche in der Zeit zwischen 1914 und 1918 habe ich relativ wenige detaillierte Erkenntnisse gewinnen können. Nach den Erinnerungen seines Vaters Franz Wagner ist Siegfried zu Beginn des Krieges in der „Festung Köln" eingesetzt und danach auch längere Zeit für das Feldeisenbahntransportwesen mitverantwortlich. Dies stimmt mit Angaben des Historikers Klaus Schlegel überein, die in einer Korrespondenz zwischen ihm und der zweiten Tochter Siegfried Wagners, Ruth-Felicitas, aus dem Jahr 1989 enthalten sind. Im weiteren Verlauf des Krieges ist Siegfried Wagner dann auch in Ostpreußen, Polen und Russland im Einsatz. Ein eindrucksvolles Foto zeigt ihn zu Pferde als Hauptmann im großen Generalstab in Ostpreußen.

Seit Beginn des Jahres 1916 ist Siegfried Wagner nach den Angaben von Schlegel Generalstabsoffizier bei einem Reservekorps an der Westfront, wo er auch verwundet wird. Danach ist er mehr als zwei Jahre, also bis nahezu dem Ende des Krieges, bei einer Infanteriedivision im Westen und beim Generalkommando 66 aktiv. Mehrfach wird er ausgezeichnet. Sein Vater berichtet vom „Eisernen Kreuz erster und zweiter Klasse", vom „Hansakreuz Hamburg", von dem „österreichischen Verdienstkreuz" und dem „Ritterkreuz des hohenzollerschen Hausordens mit Schwertern".

Zu einem mir nicht bekannten Zeitpunkt während des Krieges ist von Siegfried Wagner eine Zeichnung angefertigt worden, die ihn als Generalstabsoffizier in nachdenklich-konzentrierter Haltung bei der Lektüre eines Schriftstückes zeigt.

Meine Frau hat eine vergrößerte Ablichtung dieses Bildes ihres Großvaters rahmen lassen. Das Bild hängt auch jetzt noch in meiner Wohnung.

Unter den von Klaus Zehe gesammelten umfangreichen Unterlagen befindet sich auch ein von Siegfried Wagner stammender mit der Maschine geschriebener siebenseitiger Bericht, den er einige Jahre nach dem Kriege, möglicherweise im Jahre 1927, verfasst hat. Die Überschrift lautet:

„Zum Ehrentag der westpreußischen 35. Infanterie-Division dem 23. April 1917 – der Schlacht bei Arras von Major Wagner (im Kriege Genstoff der 35. Inf. Div.)"

Darin schildert er ausführlich den Ausbau der „Siegfriedlinie", einer Defensivstellung der deutschen Truppen in Nordfrankreich, wodurch die Frontlinie erheblich verkürzt werden konnte. Mit den für die damalige Zeit typischen, uns heute etwas pathetisch erscheinenden Worten führt er aus, die in Not befindlichen Kameraden müssten das Gefühl haben,

„dass Soldaten im Anmarsch sind, auf die Verlass ist, und die Ehrgefühl und Vaterlandsliebe im Leibe haben. Wir konnten das mit gutem Gewissen versichern."

Am Ende seiner Lobrede auf die 35. Division heißt es:

„Aus tausend Wunden blutend verließ die brave harte westpreußische Division erhobenen Hauptes das Schlachtfeld. Versagt hatte sie nie und doch die Heimat verloren."

Wie schon in Kapitel I kurz erwähnt, hatte auch die Familie Wagner Opfer dieses Krieges zu beklagen. Der zweitjüngste Sohn Franz (nach dem schon im Kindesalter verstorbenen Fritz) hatte nach dem Abitur ein Jurastudium absolviert und war im Jahr 1914 im Referendardienst tätig, als der erste Weltkrieg ausbrach. Er meldete sich – wie so viele junge Männer damals – freiwillig und wurde mit seinem Infanterieregiment 205 im Oktober 1914 in Belgien eingesetzt. Ende Oktober kam ein Brief der Eltern an ihren Sohn, damals 24 Jahre alt, mit dem Vermerk „vermisst" zurück. Nach einer schrecklichen Zeit des Hoffens (vielleicht ist er in Kriegsgefangenschaft geraten!) und Bangens (ist er gefallen?) musste sich die Familie an den Gedanken gewöhnen, dass der Sohn nicht zurückkehren würde. Vater Franz Wagner formuliert in seinen Erinnerungen:

„Wir mussten unseren lieben Jungen aufgeben. Wir wissen nicht, wie er aus dem Leben geschieden ist und wo er begraben ist."

Die Familie verlor auch noch einen zweiten Sohn, Siegfried einen weiteren Bruder. Eberhard, das fünfte Kind und der dritte Sohn des Ehepaars Wagner, studierte nach dem Abitur Bauwesen und war nach bestandenem Examen als Bauführer, zuletzt bei der Regierung in Danzig, tätig. Nach Kriegsausbruch wurde er als Pionier eingezogen und kam zum 15. Pionier-Bataillon, das im Sommer 2015 in Nordfrankreich bei St. Mihiel, gelegen südlich von Verdun zwischen Metz und Reims, eingesetzt war. In dem letzten Brief, den der Vater am 8. Juli 1915 erhielt, schrieb Eberhard von einem für den nächsten Tag befohlenen Generalangriff. Wenige Tage später kam der Brief eines Kameraden mit der Nachricht, dass Eberhard an eben jenem 8. Juli 1915 durch eine Mine tödlich verwundet worden sei. Er ist auf einem Soldatenfriedhof in der Nähe von Apremont beigesetzt.

Ein Bericht über Siegfried Wagners Erlebnisse im ersten Weltkrieg wäre unvollständig ohne die – auszugsweise – Wiedergabe von Briefen, die er von seinen Eltern, seinen Schwiegereltern, Geschwistern, anderen Verwandten und auch seiner Tochter Inge ins Feld bekommen hat. Die Zusammenstellung dieser Briefe und deren Druck in für uns lesbarer Schrift haben wir wiederum Klaus Zehe zu verdanken. Im Jahre 2013 hat er die über die Jahrzehnte geretteten Briefe in einem Büchlein zusammengestellt. Leider sind keine Briefe von Siegfried Wagner an die Familie darin enthalten.

In der Euphorie der ersten Monate des Krieges spielen die Siegfried Wagner verliehenen Orden eine wichtige Rolle.

So schreibt sein Schwiegervater Carl Kühns am 9. November 1914:

„Zu der ehrenvollen Decoration des Eisernen Kreuzes sagen Mama und ich Dir unseren herzlichsten Glückwunsch, mögest Du es noch lange Jahre als Zeichen dieser ruhmvoll erworbenen Ehrung Deiner militärischen Tugenden tragen."

Auch für Siegfrieds Mutter haben Orden in den ersten Kriegsmonaten noch eine große Bedeutung. So leitet sie ihren Brief vom 2. März 1915 so ein:

„Mein lieber Friedel, Vater hat Dir geschrieben und Dir unsere Freude über die 1. Klasse ausgedrückt, wofür Du sie bekommen hast, erzählst Du uns später mal."

Weiter schreibt sie:

„Dass die Russen trotz aller Vernichtungsschlachten immer wieder in Scharen da sind, beweist, dass Menschen in dem Zarenreich das Billigste sind."

Es scheint so, dass die unterschiedlichen politischen Systeme in Russland daran nichts geändert haben; der Zar, Stalin und Putin sind sich insoweit ähnlich.

Im Jahre 1916 spricht aus einigen Briefen die Hoffnung auf einen (ehrenvollen) Frieden. Der Vater setzt sich in seinem Brief vom 10. November 1916 mit der kontrovers diskutierten und von den Generälen Hindenburg und Ludendorf bejahten Frage der Errichtung eines „Königreichs Polen" auseinander; er steht dieser Idee sehr skeptisch gegenüber, denn

„dann müssten die Polen sehr umlernen: sie müssten aus verbissenen Deutschfeinden unsere Freunde werden."

Er beschließt seinen Brief mit den Worten:

„Nun vor allem müssen wir den Krieg mit einem ehrenvollen Frieden beenden. Werden wir durchhalten?

Wenige Monate später, am 27. März 1917, schreibt Siegfrieds Mutter mit bangem Hoffen:

„Vielleicht bleibt uns das entsetzliche Frühlingsblutbad doch erspart und der Friede oder wenigstens der Waffenstillstand kommt."

In dem bereits erwähnten Brief vom 2. März 1915 schlägt die ob des wahrscheinlichen Verlustes ihres zu diesem Zeitpunkt noch als vermisst geltenden Sohnes Franz wohl schon eher verzweifelte Mutter auch andere Töne an:

„Wird denn dieses Morden nicht bald ein Ende haben? So etwas Entsetzliches habt ihr Soldaten euch doch auch nicht vorstellen können."

Am 8. Juni 2017 – die Hoffnung auf Frieden hat sich nicht erfüllt, inzwischen hat Alice Wagner zwei ihrer Söhne an den Krieg verloren – schreibt sie:

„Noch einmal darf es solch einen Krieg nicht geben~ das dulden wir Mütter nicht~ wir haben doch keine Bestien geboren!

Die Mütter dieser Welt konnten sich mit diesem Begehren bis auf den heutigen Tag leider nicht durchsetzen.

IV

Die Zeit in Danzig

Der am 11. November 1918 im Wald von Compiegne geschlossene Waffenstillstand – tatsächlich eher eine bedingungslose Kapitulation – beendete die militärischen Auseinandersetzungen des ersten Weltkrieges. Die europäische Nachkriegsordnung wurde durch den Versailler Vertrag festgelegt. Die Konferenz begann am 18. Januar 1919. Insgesamt waren 32 Nationen beteiligt, bestimmend waren „die Großen Vier", nämlich der US-Präsident Woodrow Wilson, der Premierminister David Lloyd George aus Großbritannien, Ministerpräsident Georges Clemenceau für Frankreich und Ministerpräsident Vittorio Orlando für Italien (Italien war 1915 trotz anderslautender Absprachen zunächst gegen Österreich und später auch gegen Deutschland in den Krieg eingetreten). Deutschland war an den Verhandlungen nicht beteiligt. Am 7. Mai wurde der maßgeblich von den „Großen Vier" ausgearbeitete Vertragstext der deutschen Delegation zugestellt; deutsche Gegenvorschläge wurden abgelehnt. Philipp Scheidemann als Präsident des Reichsministeriums (Reichskanzler) äußerte am 12. Mai 1919 empört

„Welche Hand müsste nicht verdorren, die sich und uns in diese Fesseln legt?

Am 16. Juni 1919 wurde von den Siegermächten ultimativ binnen fünf Tagen die Annahme des Vertrages verlangt. Scheidemann und weitere Minister erklärten daraufhin am 19. Juni 1919 ihren Rücktritt. Reichspräsident Friedrich Ebert ernannte mit Schreiben vom 21. Juni 1919 die Mitglieder des neuen Kabinetts unter der Führung des neuen Reichskanzlers Gustav Bauer, wie Scheidemann Mitglied der SPD. Am Folgetag, dem 22. Juni 1919, stimmte die Weimarer Nationalversammlung mit 237 Ja-Stimmen, 138 Nein-Stimmen und 6 Enthaltungen der Unterzeichnung zu, die am 28. Juni 1919 im Spiegelsaal des Versailler Schlosses erfolgte. Der Vertrag, der am 10. Januar 1920 in Kraft trat, stellt – neben anderen Regelungen – die alleinige Kriegsschuld von Deutschland und seinen Verbündeten fest (zumindest fraglich unter Berücksichtigung der historischen Gegebenheiten), beschränkt ein zukünftiges deutsches Heer auf eine Stärke von 100.000 Mann mit nur leichten Waffen und verpflichtet Deutschland zu ganz erheblichen Reparationszahlungen. Die ursprüngliche Forderung der Alliierten erstreckte sich auf 269 Milliarden Goldmark, die bis zum Jahr 1962 hätten gezahlt werden sollen. Durch den im Frühjahr 1929 ausgehandelten Young-Plan (Young war ein erfolgreicher US-amerikanischer Wirtschaftsjurist und Berater von fünf amerikanischen Präsidenten), der am 17. Mai 1930 in Kraft trat, und zwar rückwirkend zum 1. September 1929, wurden die dem Deutschen Reich auferlegten Reparationszahlungen herabgesetzt und zeitlich dahingehend gestreckt, dass sie bis zum Jahr 1988 (!) erfolgen sollten. Entgegen diesem Vorhaben wurden die deutschen Reparationsverpflichtungen dann aber im Sommer 1931 zunächst ausgesetzt (Hoover-Moratorium) und 1932 in der Konferenz von Lausanne aufgehoben, nachdem die deutsche Bankenkrise von 1931 als Folge der Weltwirtschaftskrise Deutschland zahlungsunfähig gemacht hatte. Nach der Wiedervereinigung Deutschlands am 3. Oktober 1990 lebte die Verpflichtung zur Zahlung von Reparationen wieder auf; die letzte Rate zahlte die Bundesrepublik Deutschland am 3. Oktober 2010, fast 92 Jahre nach Ende des ersten Weltkrieges!

Die wohl gravierendsten Bestimmungen des Versailler Vertrages regelten ganz erhebliche Gebietsabtretungen. Schmerzhaft insbesondere auch für Siegfried Wagner war der Umstand, dass der überwiegende Teil von Westpreußen (und damit auch seine Heimatstadt Graudenz), Posen sowie Teile Schlesiens und Ostpreußens zwecks Bildung des „polnischen Korridors" an den neu entstandenen polnischen Staat, die „Zweite Republik", abgetreten werden mussten. Elsaß-Lothringen wurde Frankreich zugesprochen, neben weiteren Gebietsabtretungen verlor Deutschland auch sämtliche Kolonien (letzteres aus heutiger Sicht vielleicht ein „Glücksfall"). Insgesamt verlor das Deutsche Reich rund 13 % seines bisherigen Reichsgebietes und etwa 10 % seiner Bevölkerung. Die Wirtschaftskraft Deutschlands war durch den Verlust großer Teile der vorhandenen Bodenschätze wie auch landwirtschaftlich genutzter Flächen erheblich geschmälert.

Der Versailler Vertrag wird in der Rückschau im Hinblick auf seine rigorosen Bestimmungen nicht nur von vielen deutschen Historikern, sondern auch von solchen der Siegermächte als politisch jedenfalls unklug eingeschätzt. In der deutschen Bevölkerung, insbesondere in den konservativen und militärischen Kreisen, wurde er als „Schandvertrag" oder „Diktat von Versailles" ganz überwiegend abgelehnt. Dieser dem Deutschen Reich letztlich aufgezwungene Vertrag und die von Ludendorf ins Leben gerufene „Dolchstoßlegende" führten zu einem belasteten Start der Weimarer Republik, deren Politikern ja letztlich nichts anderes übrig geblieben war, als dem Versailler Vertrag zuzustimmen. Diese Umstände machten es in den Folgejahren, die auch von erheblicher wirtschaftlicher Not geprägt waren, Hitler und der NSDAP leichter, zum Erfolg und schließlich an die Macht zu kommen.

Stellvertretend für die Haltung weiter Teile des konservativen Bildungsbürgertums soll hier die Bewertung des Versailler Vertrages durch den Vater von Siegfried Wagner, den Rechtsanwalt und Justizrat Franz Wagner, in dem Kapitel „Kriegsnot und Nachkriegszeit" seiner Lebenserinnerungen wiedergegeben werden.

„Aufs Tiefste niedergedrückt wurden aber alle die, welche es mit der Ehre des deutschen Vaterlandes ernst nahmen, durch den Ausgang des Weltkrieges. In jahrelangen, schweren Kämpfen war es dem deutschen Heere gelungen, den Feind von den Grenzen Deutschlands fernzuhalten, trotz der Übermacht der Feinde. Dieser Übermacht musste schließlich Deutschland erliegen. Freilich fehlte es bei der deutschen Kriegspolitik an dem ernsten, rücksichtslosen Willen zum Siege und dazu kam der „Dolchstoß von hinten". Führer der Sozialdemokratie hatten in unbegreiflicher Verblendung und bei vollständigem Mangel an Nationalgefühl das deutsche Heer zermürbt und seine Kampfkraft geschwächt. Das deutsche Heer brach zusammen, und es kam zu dem schmählichen Waffenstillstand und dann zu dem Friedensdiktat von Versailles. Durch dieses Friedensdiktat sollte angeblich nach Gerechtigkeit und zur Herstellung eines ewigen Friedens die europäische Welt neu geordnet werden. In Wirklichkeit war aber dabei der einzige leitende Gedanke die Schädigung und dauernde Niederhaltung Deutschlands. Ohne Berücksichtigung der geschichtlichen Entwicklung und unter völliger Nichtachtung des Selbstbestimmungsrechts der Völker wurden vom Deutschen Reich deutsche Landesteile abgerissen. Deutschland wurde vollständig entwaffnet und wehrlos gemacht und in seiner Souveräni-

tät und Selbstbestimmung aufs schwerste geschädigt, es wurde ihm ein ungeheurer Tribut auferlegt und seine Industrien und sein Handel gründlich niedergedrückt. Die Bestimmungen des Friedensdiktats waren mit geradezu teuflischer Raffiniertheit ausgeklügelt, zur Schädigung des deutschen Volkes, und, statt einen dauernden Frieden zu sichern, enthielt es Keime zu neuen Kriegen. Die rechtliche Grundlage für diese Bestimmungen wurde hergeleitet aus der furchtbaren Lüge, dass Deutschland allein die Schuld am Kriege trage."

Besondere und für den beruflichen Werdegang Siegfried Wagners bedeutsame Bestimmungen enthielt der Versailler Vertrag im Hinblick auf die Stadt Danzig. Durch den Vertrag wurde Danzig aus dem deutschen Staatsverband herausgelöst und unter dem Namen „Freie Stadt Danzig" als autonomer Freistaat unter den Schutz des Völkerbundes gestellt (Artikel 102 des Versailler Vertrages). Dies geschah gegen den Protest weiter Teile der deutschen Bevölkerung, die dazu nicht befragt worden war. Der Völkerbund hatte als seinen ständigen Vertreter einen „Großkommissar" in Danzig stationiert (Artikel 103). Die Stadt sollte durch ein noch zu schließendes Abkommen zwischen der polnischen Regierung und der Freien Stadt Danzig in die Zollgrenzen des neuen Staates Polen eingefügt werden. Auch die Führung der auswärtigen Angelegenheiten sollte dem neu gegründeten polnischen Staat übertragen werden (Artikel 104). Das gemäß Art. 104 abzuschließende Abkommen wurde am 9. November 1920 (offensichtlich ein Schicksalstag der Deutschen) unterzeichnet; in den Artikeln 14 und 15 werden die komplizierten Zollvorschriften, die eine Mischung aus einer Zuständigkeit von (deutschen) Beamten der Freien Stadt Danzig und einer Überwachung durch die Zentralzollverwaltung Polens beinhalten, geregelt.

Meine sehr gebündelte und nur unvollständige Darstellung deutet die Kompliziertheit der Situation in Westpreußen, Posen und Schlesien sowie insbesondere auch in Danzig an; Probleme und Kontroversen zwischen Deutschen und Polen waren vorprogrammiert. Schon vor Inkrafttreten des Versailler Vertrages am 10. Januar 1920 gab es nahezu während des ganzen Jahres 1919 – also nach Abschluss des Waffenstillstandes vom 11. November 1918 – in der „Ostmark", also den Gebieten, die dem neu gegründeten Staat Polen zugedacht waren und die bisher zum Deutschen Reich gehörten, kriegsähnliche Auseinandersetzungen zwischen deutschen „Grenzbataillonen" und polnischen bewaffneten Verbänden. Ob Siegfried Wagner in irgendeiner Weise an diesen militärischen Auseinandersetzungen beteiligt war, kann mit absoluter Sicherheit nicht geklärt werden. Karl Stephan, ein an den Kämpfen beteiligter Leutnant, hat in seinem sehr martialisch und dramatisch formulierten Buch „Der Todeskampf der Ostmark 1918/1919", auf Seite 130 einen „jungen Generalstäbler, Hauptmann Wagener" erwähnt, der in einem Aufruf vom 25. Juni 1919 – drei Tage nach Zustimmung der Weimarer Nationalversammlung zum Versailler Vertrag – einen flammenden Appell zum weiteren militärischen Widerstand in der „Ostmark" verfasst habe. Ob es sich bei der erwähnten Person trotz anderer Schreibweise um „unseren" Siegfried Wagner handelt, ist unklar, aber durchaus möglich, vielleicht sogar naheliegend. Das Buch von Karl Stephan ist im Übrigen aus heutiger Sicht in seinen Formulierungen nahezu unerträglich, es trieft von salbungsvoller Selbstbeweihräucherung (die deutschen Kämpfer sterben den „Heldentod") und Verächtlichmachung der polnischen Bewaffneten (die „ins Gras beißen").

Wann genau Siegfried Wagner aus dem Heer ausgeschieden und mit seiner Familie nach Danzig gegangen ist, um sich dort neuen Aufgaben zu widmen, konnte ich nicht präzise feststellen. Der Großvater Franz Wagner schreibt dazu in seinen Erinnerungen

„Von dort kam er, als der unglückliche Zusammenbruch unseres ruhmreichen Heeres, das vier Jahre hindurch den übermächtigen Feind von den Landesgrenzen ferngehalten hatte, an das Generalkommando nach Danzig, wo er auch nach dem Friedensschluss zunächst verblieb".

Volker Berghahn datiert in seinem 1966 erschienen Buch „Der Stahlhelm – Bund der Frontsoldaten 1918 – 1935" das Ausscheiden von Siegfried Wagner aus dem Heer auf das Jahr 1920 und vermutet einen Zusammenhang mit dem Kapp-Putsch, freilich ohne auch nur irgendeinen Beleg für diese Vermutung zu benennen. Der Kapp-Putsch, eigentlich Kapp-Lüttwitz-Putsch, war ein bereits nach wenigen Tagen Mitte März 1920 gescheiterter Umsturzversuch von rechten militärischen Kräften gegen die junge Weimarer Republik; zwar musste die Regierung zunächst aus Berlin fliehen, aber ein Generalstreik – wohl der größte in der deutschen Geschichte – trug neben anderen Faktoren wesentlich zum schnellen Scheitern des Umsturzversuches bei.

Feststehen dürfte jedenfalls, dass Siegfried Wagner die Armee im Range eines Majors verließ; denn seine wahrscheinlich 1927 und damit zu einer Zeit, als er definitiv nicht dem Militär angehörte, verfasste Schrift zur Erinnerung an die westpreußische 35. Infanterie-Division trägt die Rangbezeichnung „Major Wagner".

Auch Klaus Zehe kommt nach einer Auswertung seiner umfangreichen Unterlagen zu dem Ergebnis, dass über die Zeit seines Großvaters in Danzig nur wenig Konkretes bekannt ist. Als gesichert anzusehen ist, dass Siegfried Wagner in der Zeit von 1920 bis 1928 als Oberzoll- und Grenzkommissar der Freien Stadt Danzig in dieser durch die obengenannten Verträge überaus komplizierten Materie in leitender Stelle tätig war. In dem 1979 erschienenen Buch von Rüdiger Ruhnau „Die Freie Stadt Danzig 1919 – 1939" wird erwähnt, dass das Landeszollamt, die oberste Zollbehörde, in dem Gebäude der früheren preußischen Oberzolldirektion, der „Schäferei II", untergebracht gewesen sei. Nach Ruhnau residierte in der „Schäferei" der Oberzollkommissar S. Wagner. Die „Schäferei" existiert nicht mehr, das Gebäude wurde im zweiten Weltkrieg zerstört.

Eine weitere Aufgabe von Siegfried Wagner in dieser Zeit bestand in dem Aufbau und dann auch dem Befehl über die Danziger Einwohnerwehr; dafür war er aufgrund seiner Erfahrungen als Generalstabsoffizier durchaus prädestiniert. Sein Vater Franz Wagner schreibt zu den Tätigkeiten des Sohnes in seinen Erinnerungen

„Als durch den Friedensvertrag Westpreußen gestückelt und Danzig als eine freie Stadt vom Deutschen Reich abgerissen wurde, unter eine Art Oberherrschaft von Polen kam, daneben auch noch einen englischen Oberkommissar erhielt, wurde er vom Magistrat in Danzig aufgefordert, einen Organisationsplan für eine Danziger Einwohnerwehr auszuarbeiten. Ihm wurde dann auch die Organisation der Einwohnerwehr übertragen und schließlich wurde er selbst Kommandeur der Einwohnerwehr und Oberzoll- und Grenzkommissar. In dieser Stellung stand er unmittelbar unter dem Senat und hatte vier Dienstpferde zu seiner Verfügung."

In einem Adressbuch der freien Stadt Danzig von 1924 erscheint der Eintrag

„Wagner, Siegfried, Oberzollkommissar, Weilgasse 15-16"

Als meine Frau und ich im Mai 2005 auf unserer gemeinsamen Rundreise mit Klaus Zehe auch Danzig für einige Tage besuchten, konnten wir anhand eines alten Stadtplanes die Adresse „Weilgasse 15-16", die jetzt natürlich einen anderen Namen trägt, ausfindig machen. Dort lebte Siegfried Wagner mit seiner Ehefrau und den Töchtern vermutlich während seiner gesamten Danziger Zeit. Leider haben wir es – warum auch immer – verabsäumt, ein Foto von der Straße und dem weiterhin dort stehenden Haus zu machen.

Die Tätigkeiten Wagners in Danzig endeten im Frühjahr 1928. Der Staat Bolivien war im Februar 1928 – mutmaßlich über einen deutschen Mittelsmann, den ehemaligen Hauptmann Wilhelm Kaiser, der mittlerweile im Dienst der Bolivianischen Armee stand – an ihn herangetreten mit der Bitte, mit anderen deutschen Offizieren an der Reorganisation der dortigen Armee mitzuwirken und einen Generalstab aufzubauen, dessen Chef er dann auch werden sollte. Aus Gründen, die nicht eindeutig ermittelt werden konnten, kam die Zusammenarbeit mit dem Staat Bolivien nicht zustande, obwohl Siegfried Wagner sich bereits für ein Jahr von seinen Danziger Aufgaben hatte entbinden lassen. Es gab die Vermutung, dass revolutionäre Aktivitäten oder anderweitige politische Probleme in Bolivien die Realisierung dieses Planes verhinderten. Das erscheint denkbar, da es in Bolivien im Laufe seiner Geschichte viele Unruhen gab, in der fraglichen Zeit 1928/1929 auch politische Spannungen mit Paraguay. Letztlich kann die Frage, warum Siegfried Wagner seinerzeit nicht nach Bolivien ging, nicht wirklich zuverlässig beantwortet werden. Sein Vater Franz Wagner erinnert sich wie folgt:

„... hatte er einen Vertrag mit dem Staat Bolivien in Südamerika, wo er Generalstabschef werden sollte. Er trat aber vom Vertrag zurück, da Bolivien sich finanziell als unzuverlässig zeigte."

Ernst Röhm (den Hitler am 1. Juli 1934 wegen des angeblich geplanten Putsches neben vielen anderen Personen ermorden ließ, weil er ihm als einflussreicher SA-Führer zu mächtig geworden war) folgte jedenfalls dem Aufruf Boliviens und war dort von Januar 1929 bis Dezember 1930 in leitender militärischer Funktion tätig.

Nachdem es nicht zu der Tätigkeit in Bolivien gekommen war, hat Siegfried Wagner seine vor der Beurlaubung wahrgenommenen Aufgaben nicht wieder aufgenommen. Seine Zeit in der Freien Stadt Danzig war damit im Jahre 1928 abgeschlossen. Er übersiedelte mit seiner Familie nach Potsdam, nach den Erinnerungen seines Vaters im Oktober 1929.

V

Beim Stahlhelm-Bund

Nach Kriegsende im November 1918 fluteten hunderttausende deutscher Soldaten mehr oder weniger ziel- und orientierungslos nach Deutschland zurück und wurden von den überall aufflammenden revolutionären Umtrieben und den gesellschaftlichen und politischen Unruhen verwirrt. So ist es nicht verwunderlich, dass viele dieser Soldaten in Zusammenschlüssen mit Kameraden einen gewissen Halt suchten. Schon wenige Tage nach Kriegsende, am 13. November 1918, kamen der damals 37-jährige Hauptmann Franz Seldte und zwei seiner Brüder mit einem Dutzend Kameraden aus seiner Einheit in der väterlichen Mineralwasserfabrik in Magdeburg zusammen, um über einen Zusammenschluss zu sprechen. Wenige Wochen später, am 25. Dezember 1918, gründeten Seldte, der 1916 in der Somme-Schlacht seinen linken Arm verloren hatte, und seine Kameraden einen Verband, den sie „Stahlhelm, Bund der Frontsoldaten" nannten. In welcher Rechtsform dies geschah, konnte ich aus den mir zugänglichen Quellen nicht wirklich zuverlässig feststellen. Dem recht umfassenden Werk „Der Stahlhelm – Bund der Frontsoldaten" von Berghahn, erschienen 1966, kann die Vermutung entnommen werden, dass der Bund als Verein gegründet worden ist; denn der in den ersten Monaten als Vorsitzender eines Dreiergremiums tätige Jurist Dr. Bünger hat sich nach den Ausführungen Berghahns auf S. 18 um die offizielle Anerkennung des Bundes als Verein bemüht. Diese Vermutung wird bestätigt durch einen Hinweis auf S. 65 eines im Jahre 1932 im Stahlhelm-Verlag (!) im Auftrag des ersten Bundesführers Franz Seldte herausgegebenen Buches „Der

Stahlhelm – Erinnerungen und Bilder". Dort wird berichtet, der „Stahlhelm, Bund der Frontsoldaten" mit Sitz in Magdeburg sei am 28. Dezember 1926 in das Vereinsregister unter Nr. 462 des Amtsgerichts Magdeburg eingetragen worden. Im Übrigen handelt es sich in diesem Buch inhaltlich um eine schwer erträgliche Selbstbeweihräucherung des Stahlhelm und insbesondere des 1. Bundesführers Seldte.

Fast zeitgleich mit der Stahlhelm-Gründung durch Seldte in Magdeburg im Dezember 1918 wurde eine entsprechende Vereinigung in Halle gegründet, in der Theodor Düsterberg, 44 Jahre alt, in einem Akademikerhaushalt aufgewachsener Berufsoffizier, der auch an den Waffenstillstandsverhandlungen in Spa beteiligt war, eine entscheidende Rolle spielte. In den ersten Monaten nach Kriegsende wurden in vielen deutschen Orten Regionalverbände des Stahlhelm-Bundes gegründet, vornehmlich in Norddeutschland, aber auch in Bayern. Bis zum Jahr 1924 hatte sich die Organisation „Der Stahlhelm" über das ganze Land ausgebreitet. Zunächst sahen die örtlichen Zusammenschlüsse von Soldaten, die an Zucht und Ordnung, an Befehl und Gehorsam gewöhnt waren, ihre Aufgabe darin, die regionalen revolutionären und teilweise mit Waffengewalt ausgeübten Aktivitäten zu bekämpfen. Im Laufe der Zeit kristallisierte sich immer mehr heraus, dass der Stahlhelm-Bund eine monarchistische, die Weimarer Republik ablehnende, überparteiliche, rechtsgerichtete und militaristische Richtung einnahm. Uneinig ist sich die Wissenschaft in der Frage, ob der Stahlhelm auch antisemitisch ausgerichtet war. So spricht etwa Ekkehard Klausa, studierter Rechtswissenschaftler und Soziologe, in einem 2015 gehaltenen Vortrag (Titel: Sie kamen aus dem Stahlhelm – frühe Kampfgenossen Hitlers, die früh in den Widerstand gingen) einerseits von weitverbreitetem Antisemitismus im

Stahlhelm, weist andererseits darauf hin, dass auch Juden Mitglied im Stahlhelm werden konnten, wenn sie Frontdienst geleistet hatten. Gegen eine antisemitische Ausrichtung des Stahlhelm spricht auch der Umstand, dass in der Ausgabe der NS-Zeitung „Der völkische Beobachter" vom 1. August 1935 ausgeführt wird

„oder kann bestritten werden, dass in den Reihen des Stahlhelms Juden und Juden-stämmlinge, sogar an führender Stelle marschieren?

Diese Formulierung bezieht sich auf den langjährigen zweiten Bundesführer des Stahlhelm, Theodor Düsterberg, dessen jüdischer Großvater von den Nationalsozialisten schon im Jahre 1932 zu einer massiven Hetze missbraucht worden ist. Düsterberg schreibt in seinem 1949 erschienenen Buch „Der Stahlhelm und Hitler", dass einziges Aufnahmekriterium in den Stahlhelm eine mindestens sechsmonatige Fronterfahrung gewesen sei; die Aufnahme sei

„ohne Rücksicht auf sogenannte Reinrassigkeit"

erfolgt (vgl. S. 11). Berghahn bestätigt dies einerseits mit dem Hinweis, dass auch eine Reihe ehemaliger Frontsoldaten jüdischen Glaubens in den Stahlhelm eingetreten sei (S. 65), spricht aber dort und in seiner Schlussbetrachtung (S. 275) davon, dass zumindest unterschwellig antisemitisches Gedankengut in dem Ideenkonglomerat im Stahlhelm nicht fehlte.

Mit mindestens 500.000, möglicherweise sogar einer Million Mitgliedern war der Stahlhelm mit seinen Unterorganisationen wie dem Jungstahlhelm jedenfalls neben dem „Reichsbanner Schwarz-Rot-Gold" der zweitstärkste paramilitärische Verband in der Weimarer Republik. Die beiden oben genannten Männer, Seldte und Düsterberg, hatten im Stahlhelmbund von Anfang an Führungsrollen inne, ab März 1927 (Düsterberg spricht in seinem Buch irrtümlich von 1925) waren sie die beiden formal gleichberechtigten Bundesführer. Volker Berghahn charakterisiert in seinem schon erwähnten Buch „Der Stahlhelm – Bund der Frontsoldaten" Seldte als eher moderaten, nur mittelmäßig begabten Opportunisten, der dann auch unter Hitler bis 1945 in dessen Kabinett als Minister saß; Düsterberg bezeichnet er als den radikaleren Mann, energievoll mit herausragendem Organisationstalent und mit politischem Ehrgeiz, der nicht bereit war, Kompromisse zu schließen. Beide verharrten laut Berghahn in Ihren Einstellungen im monarchistisch-militärischen Denken des vorigen Jahrhunderts.

Bemerkenswert ist, dass Düsterberg bei der Wahl zum Reichspräsidenten im Frühjahr 1932 als Kandidat des Stahlhelm antrat. Er erhielt im ersten Wahlgang mit fünf Kandidaten, unter ihnen Hindenburg und Hitler, bei einer beachtlich hohen Wahlbeteiligung von 86,2 % allerdings nur 6,8 % der abgegebenen Stimmen; Sieger des zweiten Wahlganges mit nur noch drei Kandidaten (Düsterberg und der bedeutungslos gebliebene Kandidat Gustav Winter traten nicht mehr an) wurde erneut Hindenburg mit 53,1 % vor Hitler mit 36,8 % und Thälmann mit 10,2 % der Stimmen.

Ich kann und will an dieser Stelle nicht die gesamte Geschichte des Stahlhelm wiedergeben; dafür sei auf das Berghahn-Buch verwiesen. Zwei besondere Ereignisse sollen aber noch Erwähnung finden.

Das eine ist die „Harzburger Front". Mitte Oktober 1931 kam es zu einem (dem einzigen) Treffen der „Nationalen Opposition" (einer Opposition rechtsgerichteter Gruppierungen) in Bad Harzburg, an dem neben dem Stahlhelm auch Hitler und weitere Führer der NSDAP sowie die DNVP (Deutschnationale Volkspartei) und andere rechte Vereinigungen teilnahmen. Es kam sofort zu Spannungen und Verwerfungen insbesondere zwischen den Stahlhelm-Führern und Hitler. So blieb es bei diesem einen Treffen der versammelten Rechten. Weiter unten werde ich noch etwas genauer auf dieses Treffen eingehen.

Das andere besonders erwähnenswerte Geschehnis ist der Umstand, dass insbesondere Seldte, aber letztlich – trotz erheblicher Bedenken, wie später noch zu erläutern sein wird – ebenfalls der von Hitler als „Vierteljude" diffamierte Düsterberg der Ernennung Hitlers – nachdem dieser ihn für die Verunglimpfungen in einem persönlichen Gespräch um Entschuldigung gebeten hatte – als Reichskanzler am 30. Januar 1933 zustimmten. Die Schilderungen dieser Abläufe in dem Buch Berghahns und in den von Düsterberg geschriebenen und 1949 veröffentlichten Erinnerungen „Der Stahlhelm und Hitler" entsprechen sich im Wesentlichen. Ansonsten scheint es mir so, dass Düsterberg (letztlich nachvollziehbar) seine führende Rolle im Stahlhelm in einem möglichst positiven Licht erscheinen lassen will.

Noch am 30. Januar 1933 wurde Seldte als Arbeitsminister Mitglied im Kabinett Hitler; dieses Amt behielt er bis 1945. Im April 1933 trat Seldte (von Berghahn offensichtlich zutreffend als Opportunist bezeichnet) in die NSPAD ein. Ebenfalls im April 1933 unterstellte Seldte den Stahlhelm „als geschlossene soldatische Einheit dem Führer". In den Jahren 1934/1935 erfolgte die „Gleichschaltung" unter dem Namen „Nationalsozialistischer Deutscher Frontkämpferbund (Stahlhelm)" und die Unterstellung unter die SA. Am 7. November 1935 wurde der Stahlhelm endgültig aufgelöst.

Düsterberg hatte sich in den ersten Wochen und Monaten nach der Ernennung Hitlers zum Reichskanzler mehrfach sehr kritisch zu der nun eingeschlagenen Politik der NSDAP geäußert. Seine Differenzen zu dem angepassten Seldte traten immer deutlicher hervor. Nach langen internen Kämpfen wurde Düsterberg schließlich am 26. April 1933 zum Rücktritt als zweiter Bundesvorsitzender des Stahlhelm-Bundes gezwungen.

Neben den beiden Hauptfiguren Seldte und Düsterberg hatte Siegfried Wagner beim Stahlhelm in der Zeit zwischen 1928 und 1933 ebenfalls eine herausgehobene Funktion. Er war nach insoweit übereinstimmender Schilderung von Düsterberg und Berghahn dem Düsterberg-Flügel zuzurechnen. Im Folgenden will ich versuchen, die Rolle Siegfried Wagners beim Stahlhelm zu beleuchten. Wann er dem Bund beigetreten ist, konnte ich weder den von Klaus Zehe gesammelten Unterlagen noch aus anderen mir zugänglichen Quellen mit letzter Sicherheit entnehmen. In einem Protokoll einer Sitzung des Bundesvorstandes vom 8. Juli 1928 wird erstmalig der „Kam. Major Wagner" erwähnt, der von dem Bundesführer Seldte begrüßt wird; in einer Anwesenheitsliste am Ende dieses Protokolls ist handschriftlich vermerkt „Wagner Danzig". In dem Berghahn-Buch wird Siegfried Wagner erstmals auf S. 121 in Fußnote 5 erwähnt; dort heißt es, er sei im Herbst 1928 zum stellvertretenden Bundeskanzler ernannt worden und leite die Berliner Zweigstelle des Stahlhelm-Bundes. Einen Nachweis für die Richtigkeit dieses Datums habe ich nicht gefunden. In dem Protokoll einer Sitzung des Bundesvorstandes vom 24./25. November 1928 heißt es lediglich, dass der Kamerad Wagner einen Vortrag zur Außenpolitik hält, in dem er sich u. a. mit Polen und der Wiedergewinnung des Preußischen Korridors befasst. Da auch die übrigen Redner lediglich mit dem Namen und nicht mit ihrer Funktion bezeichnet werden, sind insoweit keine Rückschlüsse möglich. Ob ein Schreiben vom 4. Januar 1929 an den Stahlhelm-Führer des Landesverbandes Pommern-Grenzmark von Siegfried Wagner verfasst worden ist (dies würde für eine offizielle Funktion in dem Verband sprechen), wie dies Klaus Zehe in seinen Unterlagen behauptet, kann mangels lesbarer Unterschrift nicht sicher festgestellt werden. In einer weiteren Bundesvorstandssitzung vom 19. Januar 1929 äußert sich der „Kamerad Wagner" wiederum zur Außenpolitik, insbesondere zur Situation in Russland, Lettland und Schweden. Anhand der in der Anwesenheitsliste des Protokolls der nächsten Bundesvorstandssitzung vom 16./17. Februar 1929 festgehaltenen Funktion steht fest, dass Siegfried Wagner zu diesem Zeitpunkt stellvertretender Bundeskanzler der Organisation gewesen ist. Auch in dieser Sitzung hält Wagner ein politisches Referat, das sich überwiegend auf außenpolitische Fragen bezieht. Ausweislich des Protokolls einer Sitzung des Bundesvorstandes am 27./28. April 1929 spricht er von der Notwendigkeit, dass in München (?) der „Gesamt-Großdeutsche-Gedanke" in Erscheinung treten müsse. Bei der Tagung der Landesgeschäftsführer am 19. Februar 1930 betont Siegfried Wagner die Notwendigkeit gemeinsamer Richtlinien der gesamten nationalen Opposition für die Außenpolitik, für die auch die Nationalsozialisten gewonnen werden müssten. Ferner hält er für den Stahlhelm den Schritt vom Wehrverband zur Miliz für geboten. Mehrere in Kopie vorliegende Schreiben Wagners aus den ersten Monaten des Jahres 1930 an die Bundesführer und den Bundeskanzler des Stahlhelm (zu dieser Zeit noch der ehemalige General von Czettritz) tragen die in diesem Verband offensichtlich übliche und aus heutiger Sicht etwas befremdliche Grußformel „Frontheil" (in ihren Jahrzehnte später verfassten Lebenserinnerungen berichtet die zweite Tochter Wagners, die am 20. Januar 1911 geborene Ruth-

Felicitas, davon, dass sie als junge Frau vom 1. April 1931 bis zum 30. September 1932 als zweite Sekretärin ihres Vaters beim Stahlhelm gearbeitet und dort den Spitznamen „Frontheilchen" von den Mitarbeitern erhalten habe). In einem der genannten Schreiben erwähnt Wagner erstmals seinen engen Mitarbeiter von Egan-Krieger, der im Folgenden noch Erwähnung finden wird. Zu einem von mir nicht exakt feststellbaren Zeitpunkt nach der Reichstagswahl vom 14. September 1930, die den Nationalsozialisten erhebliche Gewinne brachte, wurde Siegfried Wagner nunmehr Bundeskanzler des Stahlhelm, somit der dritte Mann hinter den beiden Bundesführern (vgl. Berghahn S. 155, 156). Das erste in den Unterlagen von Klaus Zehe in Kopie vorhandene, an die beiden Bundesführer gerichtete Schreiben seines Großvaters in dessen neuer Funktion als Bundeskanzler datiert vom 15. Dezember 1930. Erwähnenswert ist ein sehr ausführliches Protokoll der Sitzung des Bundesvorstandes vom 31.1./1.2.1931. danach hält Siegfried Wagner einen politischen Vortrag, in dem er sich u. a. negativ zum Staat Polen äußert, der

„nach neuen Gebietseroberungen trachtet ... und als ein von asiatischem Geist beherrschtes Staatswesen"

angesehen werden müsse. Im Zusammenhang mit dem beabsichtigten Volksbegehren zur Auflösung des preußischen Landtages erwähnt er die Schwierigkeiten in den Verhandlungen mit Hitler und Hugenberg. Auch der oben bereits erwähnte Mitarbeiter von Egan-Krieger äußert sich zu dieser Thematik (vgl. dazu auch Berghahn S. 167). Das letzte in den Unterlagen von Klaus Zehe auszugsweise vorhandene Protokoll einer Sitzung des Stahlhelm kann leider bzgl. des Datums nicht zugeordnet werden; in ihm ist eine weitere Äußerung Wagners zu dem ihm offensichtlich besonders wichtigen Thema Polen festgehalten. Er verliest den Entwurf einer Rede zu den Korridor-Demonstrationen und bittet,

„dass den Polen gegenüber die deutsche Kulturhöhe nicht zu sehr in den Vordergrund gerückt werden möge".

Für die Zeit ab dem Frühjahr 1931 liegen zum Stahlhelm und zu Siegfried Wagners Rolle in dem Bund keine von Klaus Zehe zusammengetragenen Unterlagen mehr vor. Ich musste daher auf andere Quellen zurückgreifen, insbesondere die beiden erwähnten Bücher von Düsterberg und von Berghahn. Die Schilderung der relevanten Sachverhalte ist, soweit sie in beiden Büchern erfolgt, ziemlich übereinstimmend, die Charakterisierung insbesondere der hier interessierenden Person Siegfried Wagner durchaus unterschiedlich. Wenig freundlich äußert sich Berghahn (S. 170), wenn er ausführt, Wagner

„habe es noch nie an einem gesunden Selbstvertrauen in seine außenpolitischen Fähigkeiten gefehlt. Doch hatten seine Danziger Erfahrungen ihm anscheinend den Blick für die Tatsachen getrübt."

Wagner habe sich (Fußnote 6) als das militärische Gehirn des Stahlhelm, als dessen Generalstabschef, gefühlt. Bereits Ende 1929 habe er in einem Schreiben Polen als den gefährlichsten Gegner für Deutschland bezeichnet, weil es planmäßig weiter deutschen Grund und Boden erobern wolle (zu dem Thema „Wagner und seine Einschätzung von Polen" werde ich mich im Folgekapitel noch äußern).

Bedeutsam ist die von mir bereits erwähnte „Harzburger Front". Die Idee einer Zusammenkunft der „Nationalen Opposition" der rechten Kräfte Deutschlands entstand im Spätsommer 1931. Seldte, Düsterberg nach anfänglichen Bedenken (er verabscheute die Arroganz Hitlers) und Wagner befürworteten eine derartige Zusammenkunft. Am 2. Oktober 1931 wurden die auch von Wagner unterzeichneten Einladungen an die Mitglieder des Stahlhelm verschickt. Eine erste Verstimmung erfolgte bereits am Vorabend der für den 11. Oktober vorgesehenen Veranstaltung, als Hitler zu der für 22 Uhr angesetzten Besprechung erheblich verspätet erschien. Am 11. Oktober kam es dann zum Eklat, als Hitler den Vorbeimarsch der nationalsozialistischen Teilnehmer abnahm, sich dann aber weigerte, die Stahlhelm-Kolonnen zu grüßen. Auf dem folgenden Zeitungsfoto ist links neben der Person in Zivil mit Brille und weißen Haaren (der DNVP-Politiker und Medienmogul Alfred Hugenberg) grüßend in Uniform Siegfried Wagner beim Vorbeimarsch von SA-Truppen zu sehen.

Schon vor Beginn der eigentlichen Konferenz im Harzburger Kurhaus verwickelten die beiden Bundesführer und Wagner Hitler wegen dessen despektierlichen Verhaltens gegenüber den Stahlhelm-Kolonnen in ein Wortgefecht, ohne dass es hier zu einer Einigung gekommen wäre. Hitler erschien dann auch nicht zum gemeinsamen Mittagessen, zudem gab es vielfachen Streit zwischen SA-Männern

und Stahlhelm-Mitgliedern (so die Schilderung von Berghahn S. 185; die knappe Schilderung Düsterbergs S. 13, 14
entspricht dem.). Die „Nationale Opposition" war schon
nach dem ersten Zusammentreffen gescheitert, die Beziehungen zwischen dem Stahlhelm und der NSDAP waren
auf einem Tiefpunkt angelangt. Am 17. Oktober 1931,
also sechs Tage später, kam es zu einem Klärungsversuch
im Berliner Kaiserhof zwischen Seldte, Düsterberg und
Wagner einerseits und Hitler andererseits. Dieser Versuch
scheiterte krachend. Düsterberg schildert das Geschehen
einschließlich eines „Tobsuchtsanfalles" Hitlers recht anschaulich (S. 14), Berghahn bezweifelt die Richtigkeit der
Schilderung nicht. Düsterberg beschließt die Schilderung
der Szenerie mit den Worten

*„Seldte und der Bundeskanzler Wagner stimmten damals mit
mir restlos überein, dass dieser Mensch niemals in Deutschland die Macht erhalten dürfe."*

Von diesen Problemen und Auseinandersetzungen mit Hitler und den Nationalsozialisten ist in dem von mir bereits
erwähnten 1932 auf Veranlassung von Seldte erschienenen
und vornehmlich der Selbstbeweihräucherung dienenden
Buch, in dem auf S. 98 ff. das Treffen der „Harzburger
Front" geschildert wird, mit keinem Wort die Rede.

Im Herbst 1931 verlor der Stahlhelm viele Mitglieder an
die Nationalsozialisten. Der Verband geriet dadurch auch
in finanzielle Schwierigkeiten, die Gehälter des Mitarbei-
terstabes mussten gekürzt werden. Obwohl ich an keiner
Stelle dazu Ausführungen gefunden habe, gehe ich als sicher davon aus, dass die Funktion als Bundeskanzler des
Stahlhelm die Zahlung eines angemessenen Gehaltes bein-
haltete. Siegfried Wagner hat in der fraglichen Zeit offen-

sichtliche seine volle Arbeitskraft dieser Aufgabe gewidmet und – soweit ersichtlich – keine sonstigen Einnahmen, von denen er und seine Familie hätten leben können.

Die letzten Monate des Jahres 1931 und die ersten des neuen Jahres waren geprägt von der Suche nach geeigneten Kandidaten für die anstehende Wahl zum Reichspräsidenten. In vielen überwiegend kontroversen Gesprächen der „Nationalen Opposition", also der rechtsgerichteten Kreise, gelang es nicht, sich auf einen gemeinsamen Kandidaten zu einigen. An diesen Gesprächen war Siegfried Wagner intensiv beteiligt, der in einem Rundschreiben vom 24. Februar 1932 an alle Landesverbände davon spricht, dass „infolge des brutalen Diktaturanspruches der NSDAP" ein Kompromiss unmöglich geworden sei. Letztlich traten schließlich sowohl der amtierende Präsident Hindenburg (der Ehrenmitglied im Stahlhelm war) als auch Düsterberg (dieser als der vom Stahlhelm aufgestellte Kandidat) wie auch Hitler (dem dafür erst die deutsche Staatsangehörigkeit verliehen werden musste) an. Im Wahlkampf wurde der „verehrungswürdige" alte Feldmarschall Hindenburg vom Stahlhelm zwar kritisiert, aber niemals persönlich angegriffen, während Hitlers Größenwahn verdammt wurde (Berghahn S. 212). Über das Ergebnis der in zwei Wahlgängen entschiedenen Wahl und den Sieger Hindenburg habe ich oben schon berichtet.

In der Zeit zwischen den beiden Wahlgängen wurde innerhalb des Stahlhelm intensiv und kontrovers über den weiteren politischen Kurs einschließlich der Frage der Überparteilichkeit diskutiert, deren Notwendigkeit Wagner in Zweifel zog. Weshalb Berghahn in diesem Zusammenhang wenig freundlich dem Bundeskanzler unterstellt

„seine Mitglieder herumkommandieren zu können, war genau Wagners Ziel"

(S. 216), hat sich mir nicht erschlossen. Als jedenfalls aus heutiger Sicht eher kritikwürdig kann eine Aussage Wagners anlässlich eines Treffens von mehreren tausend Stahlhelmführern am 4. Mai 1932 in Magdeburg angesehen werden, bei dem er einen Blick in die Zukunft wirft und ausführt:

„Die Aufgabe wird beginnen mit der Sicherung unserer zerrissenen und bedrohten Ostgrenzen gegen die angriffs- und eroberungslüsterne polnische Macht. Sie wird durchgeführt werden mit einem neuen, raumpolitischen Zusammenschluss des deutschen Ostens, und sie wird ihre Krönung finden in einer neuen, staatspolitischen Aufgliederung des ganzen Raumes zwischen Deutschland und der eigentlichen Grenze Russlands unter deutscher Leitung in einer neuen übernationalen Auffassung des Reichsgedankens ...“

(Berghahn S. 224, Fußnote 7). Das scheint mir bedenklich an die Geschehnisse im Jahr 1939 zu erinnern.

Als im Sommer 1932 die jüdische Abstammung Düsterbergs (einer seiner Großväter war ein jüdischer Arzt) entdeckt und von den Nationalsozialisten gegen ihn ausgeschlachtet wurde, warb Wagner in einem Rundschreiben vom 27. Juli 1932 bei den Landesverbänden um Unterstützung für Düsterberg (Berghahn S. 239, Fußnote 4). Mit Wagners Hilfe nimmt Düsterberg Ende des Jahres 1932 Verbindung zum Bund jüdischer Frontsoldaten auf. Berghahn, der sich mitunter (allzu) kritisch zu der Person Wagner geäußert hat, findet hier lobende Worte, indem er ausführt (S. 243, Fußnote 5):

„Wagners Treue zu Düsterberg und sein Mut und seine Aufrichtigkeit sind sicherlich beispielhaft."

Im Januar 1933 nimmt das Verhängnis seinen Lauf. Am 26. Januar 1933 ist erstmals von einer möglichen Kanzlerschaft Hitlers die Rede. Düsterberg äußert – anders als der erste Bundesführer Seldte – Bedenken. Am Morgen des 30. Januar 1933 kommt es in der Wohnung von Franz von Papen (bis zu seinem Sturz im Dezember 1932 Reichskanzler, dann im ersten Kabinett Hitler Vizekanzler) zu einer Aussprache, an der neben den Stahlhelm-Führern Seldte und Düsterberg auch Siegfried Wagner sowie von Papen und Hugenberg (wie schon erwähnt, Chef eines Medienkonzerns und einflussreiches Mitglied der nationalistischen DNVP) sowie Hitler und Göring teilnehmen. Unterschwellig schwirrt das Gerücht eines unmittelbar bevorstehenden Putsches der Reichswehr herum. Es kommt zu der von mir bereits erwähnten „Entschuldigung" von Hitler gegenüber Düsterberg. Schließlich stimmen alle Anwesenden unter dem Druck eines möglichen Putsches und im Hinblick auf den vom Reichspräsidenten Hindenburg vorgegebenen Termin zur Vereidigung eines neuen Reichskanzlers um 11 Uhr der Wahl Hitlers zum Reichskanzler zu (vgl. Berghahn, S. 247 – 249). Düsterberg fasst dieses schicksalhafte Geschehen, das er in weitgehender Übereinstimmung mit Berghahn schildert, auf S. 41 so zusammen:

„Voll dunkler Ahnungen verließen Wagner und ich das Reichspräsidentenpalais."

Düsterbergs Charakterisierung von Siegfried Wagner unterscheidet sich erheblich von den teilweise sehr kritischen Bewertungen durch Berghahn. Zu der Arbeit Wagners beim Stahlhelm nach der Ernennung von Hitler zum Reichskanzler führt Düsterberg aus (S. 42):

„Wagner, unser vornehmer Mitarbeiter, weit über den Durch-
schnitt begabt, mit klarer Beurteilung der Lage, verrichtete
weiter in einzigartiger Weise die Bundeskanzlergeschäfte. ...
Kamerad Egan-Krieger wirkte als Nachrichtenchef.... Sie alle
waren wie ich ausgesprochene Hitler-Gegner."

Jedenfalls hinsichtlich Düsterberg bestätigt dies Berghahn
(S. 250); dieser habe zwar in einer schwachen Stunde die
Hitler-Lösung unterstützt, dies aber durch mutigen Wi-
derstand bis zum Jahr 1945 versucht wieder gutzumachen.
Ein solcher Satz hätte Berghahn auch hinsichtlich Siegfried
Wagner gut angestanden, zumal dieser – anders als Düster-
berg – seinen Widerstand mit dem Tod bezahlt hat.

In der Nacht vom 27. auf den 28. Februar 1933 brannte
der Reichstag. Der holländische Kommunist Marinus van
der Lubbe wurde festgenommen, zum Tode verurteilt und
hingerichtet. Die These von seiner Alleintäterschaft ist aufgrund vieler Aspekte äußerst zweifelhaft. So spricht etwa
der Umstand, dass es Brandherde an verschiedenen Stellen
gab, für mehrere Täter. Es gibt ernstzunehmende Vermu-
tungen, dass die Nationalsozialsten hinter dem Brandan-
schlag steckten, der ihnen für die anstehende Wahl am 5.
März 1933 und die unmittelbar nach dem Brand durchgeführten Gewaltexzesse „Argumente" lieferte. Schon am
28. Februar 1933 wurde die „Verordnung des Reichspräsidenten zum Schutz von Volk und Staat" (Reichstags-
brandverordnung) erlassen, die die Grundrechte der Weimarer Verfassung de facto außer Kraft setzte. Letztlich ist
bis heute nicht geklärt, wer für den Brand verantwortlich
ist. Siegfried Wagner hat sich unmittelbar nach dem Brand
mit dessen möglicher Ursache befasst und dazu Unterlagen
und Dokumente gesammelt, die auf eine Täterschaft der
Nationalsozialisten hindeuten sollen. So haben es mir mei-

ne Schwiegermutter Ingeborg Mildebrath (Wagners älteste Tochter) und meine Frau Gesa-Mariette (Wagners jüngste Enkelin) berichtet. Hans-Peter Mildebrath, der 1943 geborene ältere Bruder meiner Frau, hat dies in einem Schreiben vom 22. Mai 2020 an seine Enkel bestätigt. Er konnte sich daran erinnern, dass etwa im Jahre 1954/1955 ein junger Mann, angeblich von der Universität Potsdam stammend, bei seiner Großmutter, der Witwe von Siegfried Wagner, erschienen sei und um die Aushändigung von Unterlagen zum Reichstagsbrand gebeten habe; die Großmutter habe ihm vertraut und ihm Unterlagen übergeben. Mein Schwager ist der Überzeugung, dass es sich bei dem jungen Mann, der nie wieder etwas von sich habe hören lassen, um einen Stasi-Mitarbeiter gehandelt habe. Im Jahr 1972 hat sich die Berliner Tageszeitung „Der Tagesspiegel" in einem am 5. Oktober erschienenen ausführlichen Artikel mit dem Reichstagsbrand befasst und – nach Gesprächen mit Wagners Tochter Ingeborg und deren Mann – über Wagners Verdacht von den Nationalsozialisten als den Brandstiftern berichtet.

Aber zurück zum Stahlhelm. In den Wochen und Monaten nach der Ernennung Hitlers zum Reichskanzler wurde der Druck der Nationalsozialisten und auch aus den Reihen des Stahlhelm auf Düsterberg immer intensiver. Sowohl wegen seiner hitlerkritischen Äußerungen als auch wegen seiner jüdischen Abstammung sollte Düsterberg zum Rücktritt überredet werden. Auch Seldte, inzwischen Minister im Kabinett Hitler, drängte auf Düsterbergs Rücktritt und hoffte lange auf eine einvernehmliche Lösung. Düsterberg war aber nicht bereit, seinen Posten als zweiter Bundesführer freiwillig zu räumen. Schließlich erließ Seldte am 26. April 1933 einen Entlassungsbefehl für Düsterberg und übergab diesen einem Untergebenen, dem Stahlhelmführer Franz von Stephani. Der stürmte wenig später in

Düsterbergs Amtszimmer und übergab den Entlassungsbefehl mit dem Bemerken, auch Hindenburg befürworte die Entlassung. Nun kapitulierte Düsterberg und verließ sein Amtszimmer mit einigen engen Mitarbeitern, unter ihnen auch Siegfried Wagner. In seinem schon mehrfach erwähnten Buch zitiert Düsterberg für diese entscheidenden Stunden aus dem von Egan-Krieger gefertigten Protokoll:

„Am 26.4. wurde dem zweiten Bundesführer erneut von der beabsichtigten gewaltsamen Besetzung des Bundesamtes durch einen Stoßtrupp des LV. Berlin Mitteilung gemacht.... Gegen Mittag bat er den Bundeskanzler Wagner, den Nachrichtenchef von Egan ..., das Bundesamt nicht zu verlassen ... Gegen 4 Uhr 30 entstand auf dem Korridor ein lautes Stimmengewirr. Die Tür wurde aufgerissen, und Major v. Stephani und ... drangen in Düsterbergs Zimmer. Herr v. Stephani überreichte dem 2. Bundesführer den Brief des 1. Bundesführers und setzte hinzu, dass seine Absetzung nicht nur auf Befehl des 1. Bundesführers, sondern mit Wissen und Willen ... auch des Reichspräsidenten erfolge ....

Das ganze Bundesamt war nach einem von langer Hand vorbereiteten Plan besetzt. Die Majore Wagner, von Egan und.... wurden sofort ihrer Ämter enthoben."

Die Zeit Siegfried Wagners beim Stahlhelm war vorbei.

VI

Der Deutsche Ostmarken-Verein

Im Jahre 1894 wurde in Posen (heute: Poznan) der „Verein zur Förderung des Deutschtums in den Ostmarken" gegründet. Unmittelbar zuvor hatten rund 1700 Posener Bürger eine „Prozession" zum Wohnsitz des ehemaligen Reichskanzlers Bismarck in Varzin/Hinterpommern (das sind über 250 km!) unternommen, um ihn für die Unterstützung des geplanten Vorhabens zu gewinnen. Bismarck sprach dann auch etwa eine Stunde zu den versammelten Personen. Fünf Jahre nach der Vereinsgründung wurde dieser in „Deutscher Ostmarkenverein" umbenannt. Ziel des Vereins war die „Stärkung des Deutschtums" in den Gebieten Posen und Westpreußen; er sollte eine Antwort sein auf den wachsenden Anteil der polnischen Bevölkerung in diesen Gebieten. Westpreußen mit Graudenz, der Heimatstadt der Familie Wagner, hatte bis zur ersten polnischen Teilung 1772 unter Friedrich dem Großen zu Polen gehört; Posen kam durch die zweite polnische Teilung 1793 zum Königreich Preußen.

Artikel 1 der Satzung des Deutschen Ostmarken-Vereins lautete:

„Ziel des Vereins ist die Kräftigung und Sammlung des Deutschtums in den mit polnischer Bevölkerung durchsetzten Ostmarken des Reichs und Hebung und Befestigung deutschnationalen Empfindens sowie durch Vermehrung und wirtschaftliche Stärkung der deutschen Bevölkerung."

Dem Verein, der um 1913 rund 50.000 Mitglieder hatte, gehörten viele Mitglieder aus dem gehobenen Bürgertum wie Lehrer und Professoren an. Der Verein versuchte, einer „Ostflucht" der deutschstämmigen Bevölkerung entgegenzuwirken, die einen prozentual höher werdenden Anteil der polnischen Bevölkerung zur Folge hatte. Interessengegensätze und Konflikte mit polnischen Gruppierungen traten nahezu zwangsläufig ein. Als nach dem ersten Weltkrieg infolge des Versailler Vertrages Deutschland weite Gebiete der „Ostmark", darunter auch die Heimatstadt von Siegfried Wagner, an Polen abtreten musste, drang der Verein auf eine Revision der neuen Ostgrenze. Nach 1933 wurden Teile des Vereins im „Bund Deutscher Osten" gleichgeschaltet; der sich dieser Gleichschaltung widersetzende Restverband wurde 1934 zwangsaufgelöst.

Dieser Ostmarken-Verein spielte im Leben von Franz Wagner und später auch in dem seines Sohnes Siegfried Wagner eine wichtige Rolle. In Band I seiner Lebenserinnerungen führt Franz Wagner auf S. 107 aus

„Einen großen Teil meiner Lebensarbeit habe ich dem Deutschen Ostmarken-Verein gewidmet."

Franz Wagner war bei dem oben erwähnten Treffen mit Bismarck beteiligt; er berichtet insoweit:

„Im Jahre 1894 wallfahrteten die Deutschen, zuerst die Posener, dann eine Woche später die Westpreußen nach Varzin zum Altreichskanzler von Bismarck. Ich war in dem Komitee, das die Führung der Westpreußen übernommen hatte. ... Bismarck sprach in Varzin über die preußische Polenpolitik, seine Ausführungen gipfelten in der Mahnung

zur Einigkeit der Deutschen ... gegen Polen dürfe es nur eine Partei geben, die Deutsche."

Die in den Lebenserinnerungen wiedergegebene Haltung Franz Wagners war gegenüber den Polen durchaus negativ geprägt; repräsentativ für diese Haltung scheinen mir seine Ausführungen auf S. 107 zu sein.

„... die Polen ihr wahres Gesicht in der Schädigung und Unterdrückung der Deutschen zeigen. ... . Schon seit meiner Jugend sah ich in den preußischen Polen immer nur ein von Friedrich dem Großen aus der größten Verwahrlosung erlöstes Volk, das durch die preußische Regierung und die deutsche Schule gehoben, nach seiner Erstarkung die ihm erwiesenen Wohltaten vergaß und eine deutschfeindliche Gesinnung nährte, und nur auf die Gelegenheit wartete, die östlichen preußischen Provinzen von Deutschland loszureißen."

Franz Wagner hat über mehrere Jahrzehnte in leitender Stelle in diesem Verein gewirkt, auch noch nach seinem Umzug nach Berlin. Er war zunächst Vorsitzender des Provinzialverbandes Westpreußen und später lange Jahre erster stellvertretender Vorsitzender des Gesamtvereins. In dieser Eigenschaft hielt er viele Vorträge und war auch mit schriftlichen Beiträgen sehr aktiv. In Band I seiner Lebenserinnerungen hat Franz Wagner für die Zeit von 1899 bis 1922 die beträchtliche Zahl von 53 Aufsätzen oder Artikeln in verschiedenen Publikationsorganen aufgelistet. Im Jahre 1917 wurde er Ehrenmitglied und anlässlich seines 80. Geburtstages am 4. August 1931 sogar Ehrenvorsitzender des Ostmarkenvereins.

Zu einem von mir nicht feststellbaren Zeitpunkt war Siegfried Wagner ebenfalls in den Deutschen Ostmarkenverein eingetreten. Auch dort errang er eine herausgehobene Position. Dem Band II der Lebenserinnerungen seines Vaters ist zu entnehmen (S. 73, 82), dass er Ende des Jahres 1930 zum Vorsitzenden des Vereins gewählt worden ist (so auch Klausa in dem von mir bereits erwähnten Vortrag vom 4. Juni 2015). Er hatte diese Funktion also gleichzeitig mit der des Bundeskanzlers des Stahlhelm inne; dies ergibt sich auch aus einem in Band II der Erinnerungen seines Vaters auf S. 83 abgedruckten Zeitungsartikel vom 19. September 1931. Vermutlich auch mit seiner Tätigkeit im Ostmarkenverein in Zusammenhang steht ein von Siegfried Wagner verfasster und 1930 unter der Bezeichnung „Major a. D. S. Wagner – Stellv. Bundeskanzler des Stahlhelm" veröffentlichter umfangreicher Aufsatz

„Die polnische Gefahr".

In diesem Aufsatz, der 60 DIN-A-4 Seiten umfasst und damit schon den Umfang eines kleinen Büchleins hat, beschäftigt sich Siegfried Wagner zunächst sehr ausführlich mit der polnischen Geschichte über viele Jahrhunderte. Klausa bezeichnet seine Aufführungen insoweit als kenntnisreich und feinsinnig; dem kann und will ich mangels eigener Kenntnisse in diesem Sektor nicht widersprechen.

Im Folgenden gebe ich einige Passagen zu den historischen Ausführungen wörtlich wieder. Im Eingangskapitel „Die geschichtlichen Kräfte Polens" heißt es auf S. 8:

„Für Preußen war die Erwerbung polnischer Gebietsteile eine unbedingte Lebensnotwendigkeit, um überhaupt erst einen geschlossenen Staatsraum zu gewinnen."

Am Ende von Abschnitt II des ersten Kapitels meint Wagner, Polen sei am Ende des Weltkrieges isoliert gewesen. Er hält auf S. 13 oben folgende Konstellation für möglich:

„In dieser Isolierung könnte ein neues Zusammenspiel zwischen dem preußischen und dem russischen Raum für den polnischen Imperialismus tödlich werden."

Interessant im Hinblick auf die bedrückende aktuelle Situation in dem nun schon seit Februar 2022 andauernden Angriffskrieg von Putins Russland ist die folgende Einschätzung in Abschnitt VI des Eingangskapitels auf S. 24:

„Keine Unterdrückungsmethode wird den Willen zu politischer Selbständigkeit bei Ukrainern ... auszurotten vermögen."

Im zweiten Kapitel „Polenverträge" geht Wagner auf S. 26 auf den Versailler Vertrag ein.

„Das Versailler Diktat schuf zwischen Deutschland und Russland ein staatspolitisches Trümmerfeld, ... helfen könnte hier nur Deutschland: deutsche Kultur, deutsche Wirtschaft, aus innerer Überlegenheit ausgleichende Diplomatie und deutsche Macht."

Im Folgenden bemängelt er die deutsche Politik der Ohnmacht nach dem Krieg und weist auf S. 27 ff. auf die von ihm als gegeben angenommenen polnischen Bestrebungen hin.

„Sein Appetit richtet sich nicht nur auf die östlichen Trümmer des in Schwachheit versinkenden Deutschlands, auf Danzig, Ostpreußen und die Odergrenze."

Weiter heißt es

„Im Osten ... will Polen weiteres deutsches Land erobern, und es ist erwiesen, dass das Polentum durch seine Geburtenkraft und die Rohheit seiner Verwaltungsmaßnahmen sehr wohl in der Lage ist, das dünn gesiedelte Deutschtum zu verdrängen."

Die von mir oben angenommene Verbindung von Stahlhelm und Ostmarkenverein ergibt sich aus einem Hinweis auf S. 30, in dem es heißt

„Wie ernst es Polen mit der Absicht ist, weiteres deutsches Land zu erobern, ergibt sich ... aus einer im Auftrage des Deutschen Ostmarkenvereins und des Stahlhelms zusammengestellten Dokumentensammlung ..."

Hier wird auf eine Vielzahl authentischen Materials von polnischer Seite, aus dem sich diese Bestrebungen ergeben sollen, hingewiesen.

In Kapitel IV („Der polnische Raum") äußert sich Wagner zum „Korridor" und führt dazu auf S. 39 aus

„Der Anspruch auf den Korridor gründete sich auf einen der bekannten Wilson-Punkte, dass jeder europäische Staat einen Zugang zur See haben müsse."

Ausführlich beschäftigt sich Wagner in Kapitel V mit „Polens Kampf um Danzig". Das ist nachvollziehbar, da er (wie oben in dem Kapitel „Die Zeit in Danzig" dargelegt) in der Zeit nach dem ersten Weltkrieg fast zehn Jahre in dieser Stadt als oberster Zollkommissar tätig war und zudem dort die Bürgerwehr aufgebaut und zeitweilig befehligt hat. Er hatte also von den Verhältnissen in Danzig in dieser Zeit profunde Kenntnisse. Zunächst führt Wagner die Historie an, indem er auf S. 43 sagt

„Noch nie hat Danzig zu Polen gehört, aber immer ist es von Polen erträumt worden."

Weiter stellt er auf S. 46, 47 fest

„Das durch den Versailler Vertrag geschaffene Gebiet der Freien Stadt Danzig war von Anfang an Ziel des polnischen Angriffs. Unausgesetzt ... hat Polen Danzig politisch berannt ... auf dem diplomatischen Felde, auf dem wirtschaftlichen Felde, auf dem kulturellen Felde und auch auf dem militaristischen Felde ... Und darum geht nun der Kampf, ob Danzig eine freie Stadt im Staate Polen oder ein Staat neben Polen werden soll."

Jetzt kommt Wagner auf sein jahrelanges Hauptaufgabengebiet in Danzig zu sprechen, wenn er auf S. 48 sagt

„Besonders schwer waren die Kämpfe auf dem Gebiete der großen Verwaltungen, so insbesondere des Zolls und des Eisenbahnwesens, wo Polen bestimmte Rechte vorbehalten waren, die es natürlich mit allen Mitteln zu erweitern trachtete."

In dem vorletzten Kapitel seines umfangreichen Aufsatzes mit dem Untertitel „Der Korridor und der entmilitarisierte deutsche Osten" stellt Wagner einige aus heutiger Sicht etwas irritierend wirkende, wenngleich wohl damals lediglich theoretisch gemeinte militärische Erwägungen an. Auf S. 53 – 56 heißt es dazu:

„… Bleiben Ostfragen Machtfragen, die durch keine Vergleiche der Juristen bequem abzutun sind. … Aus diesem Grunde ist es gut, die Korridorfrage statt diplomatisch einmal strategisch anzusehen. … Die deutsch-polnische Grenze ist nicht zu verteidigen, weder von der polnischen noch von der deutschen Armee. … Mithin muss es von Anfang an zu einem Bewegungskriege großen Stils kommen … Das könnte ein Vorteil für uns werden, weil die militärisch-geistige Überlegenheit, die wir noch für ein halbes Menschenalter haben, im Bewegungskriege am entscheidendsten zum Austrag kommt … Es gibt nichts, was den Frieden Europas stärker gefährdet als die deutsche Schwäche. Durch sie wird Polens Eroberungslust aufgestachelt, durch sie und durch das schutzlos vor Polens Klinge liegende Land."

Im Abschlusskapitel „Die drei Pfeiler", auf denen ein machtvoller deutscher Staat stehen müsse, nämlich im Westen der Rhein, im Südosten der Bereich um die Donau und im Nordosten die Herrschaft an der Weichsel, spricht Wagner mehrfach von „Großdeutschland". Wagner greift zum Ende seiner Ausführungen zu auch bereits von Klausa zitierten ziemlich markigen und aus heutiger Sicht durchaus fraglichen Formulierungen, wenn er ausführt

„Im deutschen Westen steht keine überlegene Volkskraft uns gegenüber, und die Verbindung zwischen weißen und farbigen Franzosen wird den rassischen Niedergang nur beschleunigen. Im zerstückelten Machtraum der alten Donaumonarchie ist überhaupt kein Gegner von Rang vorhanden. Im Kampf um die Weichsel aber steht die junge sieggeschwellte nationalistische und imperialistische polnische

Macht angriffslüstern bereit mit ihrem genügsamen, vermehrungswilligen Volkstum und ihrer harten, scharf zusammengefassten Führung."

Der letzte Satz in Wagners Aufsatz lautet:

„Es spitzt sich am Ende alles auf die Frage zu, Preußen oder Polen. Ohne Preußen aber kann Deutschland nicht leben."

Aus heutiger Sicht geben die Ausführungen, die Siegfried Wagner sowohl in seinen Funktionen beim Stahlhelm als auch in dem oben ausführlich zitierten Aufsatz zu Polen gemacht hat, zu denken. In ihnen wird dem neuen und zum wiederholten Mal entstandenen polnischen Staat nach 1918/19 eine aggressive Expansionspolitik zulasten eines eigentlich geistig, kulturell und militärisch überlegenen deutschen Staates unterstellt. Ob dies zutreffend ist, vermag ich nicht zu sagen; dafür reichen meine historischen Kenntnisse bei Weitem nicht aus. Als wohl sicher wird man davon ausgehen können, dass es umgekehrt auf polnischer Seite gegenüber Deutschland ähnliche aggressiv-negative Einstellungen und Schriften gab; denn ich halte es für ausgeschlossen, dass eine derartige Ablehnung nur einseitig erfolgte und die polnische Seite voller Wohlwollen gegenüber der deutschen Politik war. Diese gegenseitige Abneigung ist, was Siegfried Wagner betrifft, möglicherweise zu erklären aus der Erziehung, die er in der Familie genossen hat; denn auch sein Vater stand Polen ablehnend gegenüber. Der Zeitgeist, der von Nationalstolz und militärischem Denken geprägt war, wird eine entscheidende Rolle gespielt haben und schließlich auch die ganz persönlichen Erfahrungen von Siegfried Wagner, dem erfahrenen Generalstabsoffizier aus dem Weltkrieg, der durch den Versailler Vertrag seine Heimatstadt Graudenz an Polen verloren hat und zudem in seiner Zeit in Danzig sicherlich mit vielfältigen Schwierigkeiten auch mit der polnischen Seite konfrontiert gewesen sein dürfte.

Vermutlich Ende des Jahres 1934 hat Siegfried Wagner den Deutschen Ostmarken-Verein verlassen. Dies geht aus einem in den Unterlagen von Klaus Zehe befindlichen Schreiben eines Generalfeldmarschalls (der Unterschrift nach zu urteilen höchstwahrscheinlich August von Mackensen) vom 26. Januar 1935 an Siegfried Wagner hervor. In diesem Schreiben bedankt sich der Generalfeldmarschall für einen Brief Wagners vom 17. Januar 1935 und bringt sein Bedauern darüber zum Ausdruck, dass Wagner mit Rücksicht auf seine Tätigkeit im L.-Dienst (das dürfte „Landesdienst" bedeuten) aus sämtlichen politischen Vereinen ausgetreten sei. Ausdrücklich bedauert er,

„dass Ihre wertvolle Arbeitskraft dem Deutschen Ostmarken-Verein verloren geht."

Auch dieser Lebensabschnitt von Siegfried Wagner war damit beendet.

VII

Als Wehrmachtsoffizier im Widerstand

Aus dem am Ende von Kapitel VI zitierten Schreiben vom 26. Januar 1935 kann der Schluss gezogen werden, dass Siegfried Wagner im Laufe des Jahres 1934 in die Wehrmacht eingetreten ist. Diese Vermutung wird gestützt durch Ausführungen Düsterbergs in seinem bereits mehrfach erwähnten Buch, in dem er auf S. 91 oben – mutmaßlich bezogen auf das Jahr 1934 – ausführt

„Und wie so viele ehemalige Berufssoldaten aller Dienstgrade ... flüchteten auch Wagner, Egan und ... in die Wehrmacht."

Dass Düsterberg von einer „Flucht" in die Wehrmacht spricht, lässt sich so erklären, dass es in dieser Institution jedenfalls zunächst noch die Möglichkeit gab, auch ohne Mitgliedschaft in der NSDAP im Staatsdienst unterzukommen und sogar möglicherweise Karriere zu machen.

Höchstwahrscheinlich war Siegfried Wagner nach dem Ende seiner Tätigkeit für den Stahlhelm und den Ostmarkenverein zunächst eine Zeit lang arbeitslos (so hat es Klaus Zehe in einer schriftlichen Notiz festgehalten). Danach hat er noch einige Monate bei einer zivilen Tätigkeit verbracht, bevor er in die Wehrmacht eingetreten ist. Denn nach Angaben von Anne-Katrin Ziesak auf S. 376 in dem von Dr. Winfried Meyer 1999 herausgegebenen Buch „Verschwörer im KZ" (Dr. Meyer war lange Jahre in leitender Funktion in der Gedenkstätte KZ Sachsenhausen tätig) war Siegfried Wagner vorübergehend im Potsdamer Heeresarchiv tätig, bevor er wieder in den aktiven Offiziersdienst eintrat. In einem im September 2005 gehaltenen Vortrag „Der 20. Juli 1944 und das KZ Sachsenhausen" hat Dr. Meyer diese Angaben bestätigt.

Nachdem Siegfried Wagner nach dem ersten Weltkrieg im Rang eines Majors aus der Reichswehr ausgeschieden ist, ist zu vermuten, dass er mit demselben Rang in die Wehrmacht eingetreten ist. Ob dies zunächst als sogenannter Ergänzungsoffizier geschehen ist, entzieht sich meiner Kenntnis. Um den ab 1933 erhöhten Bedarf an Offizieren zu decken, wurden vielfach ehemalige Offiziere unter dieser Bezeichnung eingestellt, häufig sogar in einer höheren Rangstufe. Sollte diese Vorgehensweise auch bei Siegfried Wagner erfolgt sein, könnte er als Oberstleutnant eingestellt worden sein. Davon geht jedenfalls Ekkehard Klausa in einem von mir an anderer Stelle bereits erwähnten, am 4. Juni 2015 gehaltenen Vortrag „Sie kamen aus dem Stahlhelm. Frühe Kampfgenossen Hitlers, die früh in den Widerstand gingen." aus. Mein Schwager Hans-Peter Mildebrath, der siebente Enkel von Siegfried Wagner, hat in einem Schreiben an seine Enkel vom Mai 2020 den Vortrag, insbesondere dessen – sprachlich etwas missglückten – Titel, inhaltlich kritisiert; er weist zutreffend darauf hin, dass sein Großvater kein früher Kampfgenosse Hitlers war, sondern diesen schon Jahre vor der Machtübernahme 1933 abgelehnt habe. Die inhaltlichen Ausführungen von Klausa, der sich insoweit auf die von mir bereits wiedergegebenen Ausführungen Düsterbergs bezieht, bestätigen diese kritische Haltung Wagners Hitler gegenüber trotz der irreführenden Überschrift seines Vortrages.

Es dürfte jedenfalls feststehen, dass Siegfried Wagner im Jahre 1934 in die Wehrmacht eingetreten ist, als Major oder als Oberstleutnant. Eine Einstellungsurkunde konnte ich nicht ausfindig machen. Zweifelsfrei bekleidete Sieg-

fried Wagner am 17. Januar 1941 den Rang eines Oberst-
leutnants. Denn an diesem Tage hat ihn „Der Führer" im
„Namen des Deutschen Volkes" mit Wirkung vom 1. Februar 1941 zum Oberst befördert. Die in den Unterlagen
von Klaus Zche befindliche Originalurkunde wird nachfolgend abgebildet.

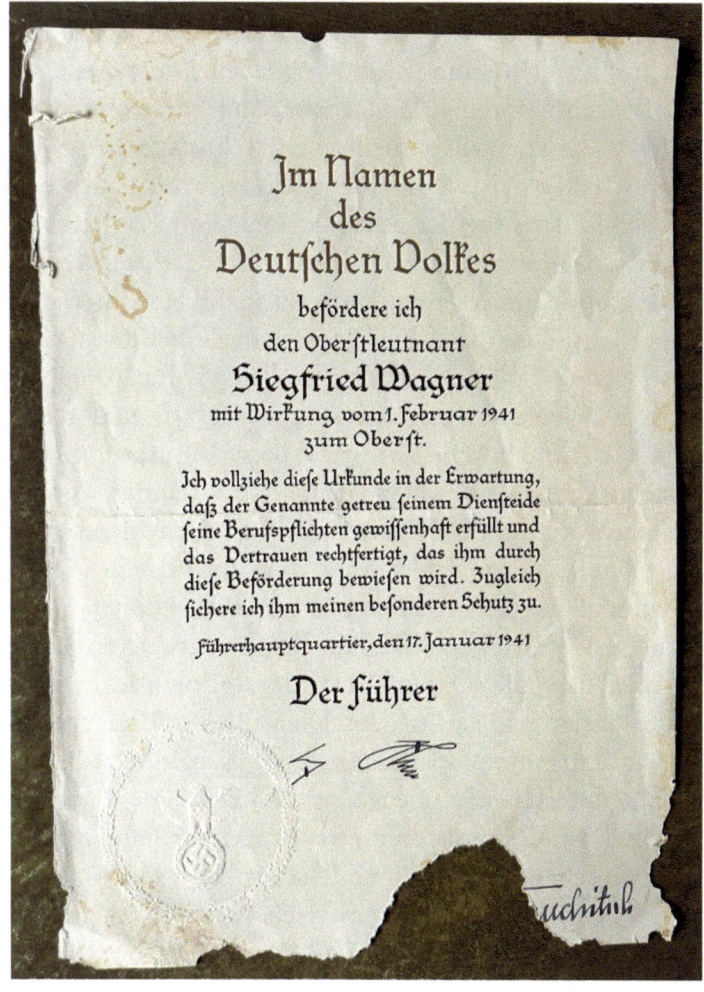

Gut drei Monate später, am 20. April 1941 (einem in
der Zeit des Nationalsozialismus relevanten Datum), er-

hielt Siegfried Wagner erneut eine Urkunde. „Im Namen des Führers" wurde ihm vom Oberbefehlshaber des Heeres, Generalfeldmarschall von Brauchitsch, das Kriegsverdienstkreuz 2. Klasse mit Schwertern verliehen.

Wagner war im Januar 1941 immerhin schon 60 Jahre alt geworden und musste daher eine seinem Alter entsprechende Funktion bei der Wehrmacht bekleiden. Nach einer Mitteilung der „Deutschen Dienststelle für die Benachrichtigung der nächsten Angehörigen von Gefallenen der ehemaligen deutschen Wehrmacht" vom 10. August 1994 war er laut einer Meldung vom 1. September 1939 (dem Tag des Kriegsbeginns) beim „Oberkommando des Heeres, dem Befehlshaber des Ersatzheeres, Amtsgruppe Ersatzwesen Berlin" tätig. In den Unterlagen von Klaus Zehe habe ich einen vom „Oberkommando des Heeres" stammenden und auf den 15. Juni 1941 datierten „Dienstplan der Amtsgruppe Ersatz- und Heerwesen" gefunden. Die Gruppe V dieser Amtsgruppe war u. a. für „Unabkömmlichkeitsfragen" zuständig, konnte also die mitunter über Leben und Tod entscheidende Frage, ob eine Person Soldat werden musste oder in seinem Zivilberuf unverzichtbar war, entscheiden. Leiter dieser Gruppe V war Oberst Wagner. Bemerkenswert erscheint es mir, dass die Organisation der Bürokratie bei der Wehrmacht, wie sie in dem Dienstplan wiedergegeben ist, sich im Aufbau kaum von den Geschäftsverteilungsplänen unterscheidet, die ich fast 50 Jahre später in einem Berliner Landesministerium kennengelernt habe. In der Zeit zwischen Juni 1941 und Dezember 1942 wechselte die Bezeichnung der Dienststelle, für die Wagner tätig war; denn gemäß einer am 1. Dezember 1942 erfolgten Meldung übte er zu diesem Zeitpunkt eine entsprechende Funktion beim „Oberkommando der Wehrmacht, Wehrersatzamt Berlin" aus. Nach dem oben erwähnten

Buch von Meyer (vgl. S. 376) war Siegfried Wagner im Sommer 1944 weiterhin im Oberkommando der Wehrmacht als Abteilungschef der Truppenabteilung tätig; nach der Erinnerung meines Schwagers Hans-Peter Mildebrath, die freilich nur auf Erzählungen seiner Großmutter, seiner Mutter oder einer seiner Tanten beruhen kann, hatte der Großvater sein Büro im Bendlerblock auf derselben Etage wie Oberst Stauffenberg.

Dass Siegfried Wagner die rigorose und menschenverachtende Politik der NSDAP und die Person Adolf Hitler schon vor dessen Ernennung zum Reichskanzler ablehnte, ist in dem Kapitel über den Stahlhelm, hier insbesondere durch die Angaben von Düsterberg, bereits recht deutlich geworden. Wann, durch wen und aufgrund welcher Umstände seine Ablehnung so weit gedieh, dass er sich an Umsturz- und Tötungsplänen beteiligte, kann nicht gesagt werden. Es handelt sich dabei ja um einen eigentlich ungeheuerlichen Vorgang, dass ein an Ordnung und Disziplin, Befehl und Gehorsam sowie Pflichterfüllung gewöhnter Staatsdiener sich zu einem derartigen „revolutionären" Vorgehen veranlasst sieht. Ob der Umstand eine Rolle dabei spielte, dass Siegfried Wagner nach den Erzählungen meiner Frau seinen Eid als Offizier nicht auf Adolf Hitler persönlich leistete (diese Art der Vereidigung ist am 2. August 1934 eingeführt worden), weiß ich nicht. Ich weiß auch nicht, ob meine Frau insoweit zutreffend informiert war. Viele Soldaten und Offiziere hatten jedenfalls ob der Eidesleistung auf die Person Adolf Hitler mit erheblichen Gewissenskonflikten zu kämpfen. Möglicherweise spielte für die Entscheidung Wagners zum aktiven Widerstand auch die schon seit 1918 bestehende Verbindung zu Carl Friedrich Goerdeler eine Rolle. Der Jurist Goerdeler, geboren 1884 in Schneidemühl in der Provinz Posen, hatte eine führende Funktion im Widerstand gegen Hitler und bei den Umsturzplänen inne; er sollte nach einem entsprechenden Erfolg Reichskanzler werden. Die Nationalsozialisten hatten schon vor dem 20. Juli 1944 Kenntnis von umstürzlerischen Aktivitäten Goerdelers erhalten. Am 14. Juli 1944 erging gegen ihn ein Haftbefehl. Von Freunden gewarnt, floh er in seine westpreußische Heimat. Nach öffentlichen Fahndungsaufrufen wurde er von einer Buchhalterin erkannt und verraten, am 12. August 1944 verhaftet, am 8. September vom Volksgerichtshof unter Roland Freisler zum Tode verurteilt und am 2. Februar 1945 in Plötzensee hingerichtet.

Goerdeler war – wie auch Wagner – im ersten Weltkrieg Offizier. Klausa führt in dem bereits erwähnten Vortrag von 2015 dazu folgendes aus:

„Zur Zeit des Waffenstillstandes 1918 gehörte Wagner zum Generalkommando des XVII. Armeekorps Danzig, dem auch Carl Goerdeler als politischer Verbindungsmann angehörte. Die Verbindung der beiden Männer riss bis 1944 nicht ab."

Eine Verbindung zwischen den beiden Männern schon zum Ende des ersten Weltkrieges bestätigt Gerhard Ritter in seinem Buch „Carl Goerdeler und die Deutsche Widerstandsbewegung", der auf S. 442 für das Jahr 1919 den Major Wagner vom Generalstab des Danziger Armeekorps als Mitverfasser einer Denkschrift bezeichnet. Diese frühen Kontakte zu Wagner schon am Ende des ersten Weltkrieges werden schließlich durch Goerdeler selbst bestätigt. In dem von Sabine Gillmann und Hans Mommsen 2003 herausgegebenen Buch „Politische Schriften und Briefe Carl Friedrich Goerdelers" bestätigt dieser im Zusammenhang mit der Ostmark, Danzig und dem Versailler Vertrag mehrfach seine Kontakte zu Wagner (S. 192 ff.).

Im Widerstand tätige Personen haben aus Sicherheitsgründen natürlich keine schriftlichen Aufzeichnungen über ihre diesbezüglichen Aktivitäten gefertigt. Diejenigen, die – wie dies bei Siegfried Wagner der Fall war – ihr Tun mit dem Leben bezahlt haben, konnten auch nach 1945 ihre Erinnerungen nicht zu Papier bringen. Daher sind wir insoweit auf Aufzeichnungen von überlebenden „Kampfgefährten oder Gesinnungsgenossen" angewiesen. Einer dieser Gesinnungsgenossen war der zweite Bundesführer des Stahlhelm Düsterberg. In seinem von mir schon mehrfach zitierten Buch „Der Stahlhelm und Hitler" berichtet er von konspirativen Treffen zwischen ihm, Wagner, von Egan-Krieger und anderen Personen, die bereits kurze Zeit nach der Ernennung von Hitler zum Reichskanzler begannen und vielfach am Wannsee stattfanden. So erwähnt er (auf S. 91) ein Treffen am Wannsee mit u. a. Wagner und von Egan-Krieger, bei dem die Notwendigkeit einer zentralen Führung der Stahlhelmwiderstandsgruppe, die dafür auch erhebliche Geldsummen benötigen würde, erörtert wurde. Düsterberg erwähnt auch die Beziehung zwischen Wagner und Goerdeler; er führt auf S. 109 f. – bezogen auf den Herbst 1939 – aus

„Durch den im OKW tätigen ehemaligen Stahlhelmbundeskanzler, Oberst Wagner, war eine enge, vertrauliche, regelmäßige Verbindung mit Goerdeler, dem früheren Oberbürgermeister von Leipzig, hergestellt. Mit Wagner hielt wieder der im 4. Stock unseres Hauses wohnende Graf Blumenthal, mein alter Stahlhelmadjutant, Verbindung … Wagner selbst stand in naher Verbindung zu General Olbricht, nach Fromm die höchste Person im Heimatheer."

Weiter heißt es in seinem Buch (S. 111 f.)

„Im Spätsommer 1943 kamen Goerdeler, Wagner und ich das letzte Mal zusammen, stundenlang im Park von Sanssouci. Über die Lage waren wir uns klar, desgleichen, dass etwas geschehen müsse, um der Hitlerdiktatur baldigst ein Ende zu bereiten ... Auch ein Attentat wurde erörtert ... Vor dem Auseinandergehen, noch im Park von Sanssouci, gaben wir uns nochmals die Hand mit der festen Absicht, so bald wie möglich wieder zusammenzutreffen. ... Ich sagte: Seien wir uns klar, es geht für jeden von uns auch um Leben und Tod. Ich sollte weder Goerdeler, Wagner oder Blumenthal noch einmal wiedersehen. Sie haben alle drei bis in den Tod geschwiegen."

Düsterberg berichtet auf S. 113 f. weiter von einer Zusammenkunft mit Freiherr von Palombini (Adjutant von Siegfried Wagner beim Stahlhelm, zugleich sein Freund) im März 1944, der ihm Grüße von General Olbricht und Wagner bestellt mit dem Bemerken, jetzt ginge es los. Auf S. 114 bemerkt Düsterberg, dass Wagner schon im Jahre 1943 als „verdächtig" in Untersuchung war. Ob er damit Untersuchungshaft gemeint hat, ist unklar geblieben. Von einer derartigen Situation ist mir nichts bekannt; im Kreise der Familienangehörigen wurde nichts dergleichen erwähnt.

Den missglückten Attentatsversuch und das gescheiterte Umsturzvorhaben hält Düsterberg auf S. 115 mit folgendem Satz fest:

„Und dann kam durch Radio die niederschmetternde Nachricht, dass der 20. Juli gescheitert sei."

Letztmalig erwähnt Düsterberg Wagner auf S. 116 mit den Worten

„Gerüchte vom Tode unseres lieben Wagner ... erreichten mich."

Berghahn, der sich in seinem Buch über den Stahlhelm intensiv und teilweise nicht eben schmeichelhaft zu Siegfried Wagner geäußert hat, widmet ihm, seiner Rolle im Widerstand und seinem tragischen Ende im Epilog des Buches lediglich sechseinhalb Zeilen. Das erscheint mir recht dürftig. Den Sachverhalt stark vereinfachend und verkürzend (um nicht zu sagen: verfälschend), spricht er davon, Wagner habe sich durch Selbstmord seiner Verhaftung entzogen.

Klausa konstatiert in dem bereits mehrfach erwähnten Vortrag von 2015,

„dass Wagner nicht, wie viele andere nationalkonservative Männer des 20. Juli, jahrelang verblendet oder opportunistisch Hitler gefolgt ist ... Gewiss hatte seine persönliche Erfahrung mit Hitler und seinen Schergen seinen Blick auf das Regime geschärft."

Er bezieht sich in seinem Vortrag vielfach auf das Buch von Düsterberg. Hinsichtlich eines letzten Treffens zwischen Goerdeler, Wagner und Düsterberg hat sich Klausa, der dieses Treffen auf den Sommer 1944 datiert, geirrt; ausweislich des Düsterberg-Buches (S. 111) fand das Treffen im Spätsommer 1943 statt. Auch Klausa erwähnt Wagners Adjutanten beim Stahlhelm, Kraft Freiherr von Palombini, als ebenfalls in den Widerstand eingebundene Person, der – im Gegensatz zu vielen anderen – die Verfolgung durch die Gestapo und auch den Krieg überlebt hat.

Innerhalb des Kreises der Verschwörer wurde Siegfried Wagner als Verbindungsoffizier zum Wehrkreis XI (Hannover) bestimmt, möglicherweise, weil er aufgrund der Herkunft seiner Frau aus Hannover dorthin gute Beziehungen hatte. Er sollte in diesem Wehrkreis vermutlich für die geordnete Umsetzung der „Operation Walküre" sorgen. Klausa geht davon aus, dass diese Einsetzung als Verbindungsoffizier von Wagners Amtschef, General Olbricht, erfolgte. Auf die Spur von Siegfried Wagner als einem der Beteiligten am Umsturzversuch ist die Gestapo offensichtlich durch ein Fernschreiben der Verschwörer, in dem sein Name als Verbindungsoffizier zum Wehrkreis XI genannt wurde, gestoßen. Diese Annahme Klausas wurde vorher schon von Winfried Meyer in seinem Vortrag vom September 2005 geäußert; sie darf wohl als gesichert gelten.

Die bisherigen Ausführungen zu der Frage, wie Siegfried Wagner von der Ablehnung des Nazi-Regimes zum aktiven und – wie er wusste – lebensgefährlichen Widerstand gekommen ist, haben noch Vieles im Unklaren gelassen. Ganz vollständig wird sich diese Frage nicht beantworten lassen, denn manche Entscheidungsprozesse werden sich in inneren Kämpfen, die nie an die Öffentlichkeit gedrungen sind, abgespielt haben. Dabei mag auch die Frage, ob und inwieweit er durch sein Handeln seine Familie gefährdet, eine Rolle gespielt haben. Ein Glücksfall ist in diesem Zusammenhang der Umstand, dass Siegfried Wagners Tochter Ruth-Felicitas zu Pfingsten 1994 und damit nur wenige Monate vor ihrem Tod im Oktober 1994 auf Bitte ihres Sohnes Klaus ihre Erinnerungen an die dramatischen Ereignisse von vor 50 Jahren schriftlich festgehalten hat. Man mag einwenden können, dass in einem halben Jahrhundert einiges verblasst sein kann oder sich geschönt in der Erinnerung festgesetzt haben mag. Andererseits kenne ich die Tante meiner Frau als intelligente und integre Frau, die sich mit Sicherheit der Wahrhaftigkeit verpflichtet fühlte; außerdem wissen wir alle, dass das Langzeitgedächtnis, zumal bei derartig einschneidenden Ereignissen, besser funktioniert als das Kurzzeitgedächtnis. Also soll die zweite Tochter Siegfried Wagners hier zu Wort kommen.

„Unter Zuhilfenahme der Erinnerungen meiner älteren Schwester Ingeborg ... und meiner jüngeren Schwester Gisela ... beginne ich am Dienstag nach Pfingsten 1994 – auf den Tag genau 50 Jahre nach 1944 – mit dieser Niederschrift: denn damals bat mich mein Vater um eine wichtige Unterredung.

Ich schicke voraus: Zu Ostern 1944 hatte ich den Gedanken, meine Eltern, meine drei Schwestern mit ihren Männern und all ihren Kindern auf unser Gut nach Dietrichsdorf Krs. Neidenburg/Ostpreußen einzuladen, und zwar zu Pfingsten 1944 ... Bis auf meinen damaligen Schwager Görnandt waren alle gekommen. Dazu hatte ich auf Bitten meines Vaters Baron und Baronin von Palombini eingeladen ... Nach der Abfahrt von Palombinis kam dann die von meinem Vater erbetene Unterredung zustande. Es war nach dem Mittagessen, es war sehr ruhig im ganzen Haus. Mein Vater und ich gingen in mein blaues Zimmer, blieben stehen und mein Vater sagte mir, es ist ein Attentat auf Hitler geplant. Ich: ,Aber Vatchen, das ist ja Landes- oder Hochverrat.' Darauf mein Vater nachdenklich: ,Du kannst es natürlich auch so nennen, aber soll man später einmal sagen, hat sich denn keiner gefunden? Ich: ,Aber du hast doch immer gesagt, keine Märtyrer.' Er:

Ja, aber es ist zu spät, der Krieg ist mit Sicherheit verloren, wir müssen retten, was zu retten ist. Die Juden erleiden ein entsetzliches Schicksal, sie werden lebend vergast.' Und in mein entsetztes Gesicht 'Ich weiß es autoritär.' Er bat mich, bei einem eventuellen Misslingen für Dr. Goerdeler zu sorgen. ... Auf meine Frage, was wird aus Dir?, Mich dürfen sie nicht lebend fangen, ich weiß zu viel. Sie können in den Lagern Menschen durch Spritzen gefügig machen.' Ich: 'Nehmt nur das Radio fest in die Hand, unsere Leute sind alle Nazis.' Darauf mein Vater: 'Soldaten, die die größten Schlachten der Weltgeschichte geschlagen haben, werden doch wohl mit einer kleinen Revolution fertig werden.' Ich hielt das nicht für gut, meinte aber: 'Ich habe Dir immer vertraut, also wird es wohl richtig sein.'

(Ergänzung von Klaus Zehe: hier fehlt vermutlich die Frage, ob die Mutter über das Vorhaben informiert ist) Darauf mein Vater: 'Ich muss es mir noch überlegen, es ist vielleicht genug, wenn einer in der Familie so stark gefährdet ist. Als Losung machen wir aus: ich telefoniere, um Dir die Übergänge über die Weichsel zu nennen, wenn es misslingt und Goerdeler auf dem Weg zu Dir ist.' ... Kurz vor der Abfahrt nach Potsdam nahm mich mein Vater fest in die Arme: 'Mein Hottachen, ich danke Dir für alles.' Nur ein Stöhnen kam aus meiner Kehle, es sollten seine letzten Worte für mich sein. Wir gingen zusammen aus dem Haus, mein Vater – grau im Gesicht – stieg ins Auto, wir vier Töchter standen um den Wagen, mein Vater hat sich nicht mehr umgedreht, das war der Abschied für uns alle und für immer."

Auch fast 80 Jahre später gehen diese Worte beim Nieder-
schreiben noch zu Herzen, zumal meine Frau und ich auf
unserer Rundreise im Jahre 2005 mit Klaus die verwahr-
losten Überreste des Gutes Dietrichsdorf, auf dem sich
die oben geschilderten Szenen zutrugen, kennengelernt
haben. Die letztlich unausgesprochene Abschiedsatmo-
sphäre – sowohl hinsichtlich des Vaters als auch hinsichtlich der äußerst ungewissen Zukunft des ostpreußischen
Gutes – wie auch eine gewisse Melancholie werden nach
meinem Eindruck in einem letzten Foto deutlich, das den
gesundheitlich angeschlagen erscheinenden Siegfried Wagner mit seiner Frau und seinen vier erwachsenen Töchtern
(Ruth-Felicitas hinten links) zeigt.

Das Attentat am 20. Juli 1944 in der „Wolfsschanze" in
der Nähe von Rastenburg in Ostpreußen missglückte, der
Umsturzversuch (das Unternehmen „Walküre") scheiterte
trotz anfänglicher Teilerfolge. Die Einzelheiten des dramatischen Geschehens setze ich als bekannt voraus, sie
zu schildern, würde den Rahmen dieses Buches sprengen.
Jedem Leser dürften die Ereignisse aus der Literatur und

vielen Verfilmungen vertraut sein. Die Nationalsozialisten nahmen nach dem Scheitern blutige Rache, der auch Siegfried Wagner zum Opfer fiel. Oben habe ich schon ausgeführt, dass sein Name als Verbindungsoffizier in den Wehrkreis XI (Hannover) in einem Fernschreiben der Verschwörer aufgeführt war. Dieses Fernschreiben fiel den Nazischergen in die Hände, und damit war sein Schicksal besiegelt.

Um die Persönlichkeit von Oberst Siegfried Wagner und seine Haltung zum Nazi-Regime noch besser einschätzen zu können, sind die „Ermittlungsergebnisse" der „Gegenseite" nach dem 20. Juli 1944 von besonderem Interesse. Hans-Adolf Jacobsen hat in dem 1984 erschienen Buch „Spiegelbild einer Verschwörung" aus geheimen Dokumenten aus dem Reichssicherheitshauptamt zitiert. Darin wird zunächst Oberst Wagner, OKW Truppenbtl. Bln., als Verbindungsoffizier zum Wehrkreis XI (Hannover) bezeichnet. Unter der Überschrift „Der militärische Ausnahmezustand" heißt es auf S. 335:

„Schon seit Ende 1941 sei in den Dienststellen des OKH und des OKW die Tendenz spürbar gewesen, dass der Krieg ein schlechtes Ende nehme. ...Im Umkreis von Blumenthal hätten vor allem Oberst Wagner (alter Stahlhelmführer, vor der Verhaftung Selbstmord verübt) ... eine scharfe negative Kritik zum Ausdruck gebracht. Vor allem Oberst Wagner habe sich damit befasst, dass der militärische Ausnahmezustand die nach seiner Meinung vorhandenen Schäden in unserem derzeitigen System der militärischen Führung beheben könnte."

Insbesondere um die Jahreswende 1942/1943 (Zusatz von mir: der Zusammenbruch der 6. Armee in Stalingrad!) seien derartige Debatten häufig gewesen, die auch zum Inhalt gehabt hätten, dass notfalls der „Führer" beseitigt werden müsse.

Dass Wagner eine bedeutende Rolle innerhalb des militärischen Widerstandes innehatte, ergibt sich aus folgender Formulierung in dem Abschnitt „Gewalt gegen den Führer" (S. 336):

„Oberst Wagner, der ... als Verbindungsoffizier eingeteilt war, hat schon um die Wende 1943/44 gehetzt, dass man durch den militärischen Ausnahmezustand dem Führer die Leitung der militärischen Operationen aus der Hand nehmen müsse, wie wenn man einem Kranken die Arbeit wegnimmt."

Im Reichssicherheitshauptamt war auch die Einbindung von Wagners früherem Stahlhelm-Adjutanten von Palombini in den Widerstand bekannt, wie sich aus folgender Notiz (S. 378) ergibt:

„Durch die Vermittlung des Freiherrn von Palombini traf Goerdeler im Herbst 1943 im Hotel Adlon, Berlin, mit General von Collwitz zusammen, der damals ein Panzerkorps bei der Heeresgruppe Süd führte. An der Besprechung war auch Oberst Wagner beteiligt, der mit Freiherrn von Palombini aus der Stahlhelm-Zeit eng bekannt war."

Nicht schriftlich belegbar ist der Umstand, dass in den Akten der nationalsozialistischen Ermittlungsbehörden über Siegfried Wagner gestanden haben soll „nicht zu bestechen". So hat es mir meine Schwägerin Verena Vollmer

berichtet, die diese Information von ihrer Tante „Hotta"
erhalten hatte. Sie findet sich auch in dem Buch „Widerstand in Steglitz und Zehlendorf" von Hans-Rainer Sand-
voß (S. 100) wieder. Auch nur mündlich überliefert (ich
habe es wortgleich von meiner verstorbenen Frau und
zu einem späteren Zeitpunkt von ihrer Schwester Verena
gehört) ist eine Aussage der Hauswartsfrau aus der Kurfürstenstraße 19 in Potsdam; auf die Frage eines Gestapo-
Beamten, ob sie Siegfried Wagner gekannt habe, soll diese
geantwortet haben:

„Gekannt? Geliebt haben wir den Herrn Oberst!"

Siegfried Wagner bewohnte, wie eben schon erwähnt, im
Sommer 1944 mit seiner Ehefrau eine Wohnung in der
Kurfürstenstraße 19 in Potsdam, unmittelbar gegenüber
dem holländischen Viertel gelegen. Ursprünglich hatte
die Familie dort eine große Wohnung in der 1. Etage be-
wohnt; als alle Töchter den elterlichen Haushalt verlassen
hatten, zog das Ehepaar in eine etwas kleinere Wohnung
im Dachgeschoß dieses repräsentativen Miethauses, wel-
ches nachstehend abgebildet ist.

Am 22. Juli 1944 stand die Gestapo vor der Tür, Siegfried Wagner sollte festgenommen werden. Das nun folgende Geschehen spielte sich aus Sicht der Ehefrau Carla, so wie sie es wenige Tage später ihrer Tochter Ruth-Felicitas (Hotta) berichtet hat und wie diese es aus der Erinnerung fünfzig Jahre später zu Papier gebracht hat, so ab:

„Wir waren ... beim Kammergerichtspräsidenten in Babelsberg. Vati wollte ihn bitten, mir die Pension zu erhalten, sein

*naher Tod war ihm voll bewusst. Als wir zu Hause anka-
men, warteten schon 4 SS-Männer auf uns. Oben in der
Wohnung nahmen sie Vati fort, durchsuchten Wohnung und
Keller. ... Als sie Vati mitnehmen wollten, sagte er ich will
mir Uniform anziehen', aber das hält nur unnütz auf', aber
Vati ich bestehe darauf". Sie ließen ihn ohne Begleitung
durch die ganze Wohnung gehen, er zog Uniform und lange
Stiefel an, nahm mich in die Arme, sagte sehr leise ich bin
dir immer treu gewesen', bat mich, seine Mütze zu holen, was
ich tat; als ich zurückkam und die Tür öffnete, sah ich gerade
noch die Rockschöße fliegen. Ich blieb in der Türfüllung stehen, dachte nur da unten stirbt er', nach einer Weile ging ich
zu den SS-Leuten zurück, , mein Mann ist nicht mehr da'.
Aufs höchste erschreckt, rasten sie an alle Türen, im Schlaf-
zimmer hat sich dann einer durch das Fenster auf den kleinen
Dachabsatz gelegt, da unten liegt er'. Sie trugen ihn ins Haus,
in die Wohnung von Dr. Brandt."*

Siegfried Wagner wollte durch den Sprung aus dem Fenster im dritten Obergeschoss seine Äußerung gegenüber seiner Tochter Ruth-Felicitas „mich dürfen sie nicht lebend
fangen" in die Tat umsetzen und seinem Leben ein Ende
setzen, um nicht Gefahr zu laufen, durch Folter zum Verräter zu werden. Durch ein Gebüsch oder einen Strauch
wurde der Sturz aus beträchtlicher Höhe abgefedert, so
dass Wagner zwar erhebliche Verletzungen erlitt, aber
nicht zu Tode kam. Unklar ist der Schweregrad der Verletzungen, wobei feststehen dürfte, dass sie keine direkte
Todesgefahr nach sich zogen. In den von Ruth-Felicitas
50 Jahre später niedergeschriebenen Erinnerungen legt sie
dar, dass sie, von ihrer jüngsten Schwester Ulla alarmiert,
Ende Juli 1944 nach Potsdam gekommen und von ihr über

den Sprung des Vaters aus dem Fenster informiert worden sei. Sie habe den ebenfalls im Haus Kurfürstenstraße 19 wohnenden Arzt Dr. Brandt, zu dem der Vater nach dem Sturz gebracht worden sei, aufgesucht. Dieser, ein hoher Militärarzt, habe ihr versichert, er und der Chefarzt hätten ihren Vater im Lazarett sehr gründlich untersucht; er sei bis auf kleine Schrammen an Stirn und Handgelenk unverletzt und nur zur Sicherheit in eine Gipshose gelegt und von ihnen für nicht transportfähig erklärt worden.

(Das Ergebnis der später durchgeführten Röntgenaufnahmen zeigt, dass die Verletzungen doch gravierender waren; entweder hat Dr. Brandt, um die Angehörigen von Siegfried Wagner zu beruhigen, das Ausmaß der Verletzungen untertrieben, oder hier war nach so langer Zeit das Gedächtnis der Tochter von Siegfried Wagner nicht mehr ganz so präzise.)

Weiter habe Dr. Brandt berichtet, er sei abends erneut bei ihm gewesen, Vater habe ihn um Gift gebeten, was er ihm nicht habe geben können.

„Grüßen Sie meine Kinder, waren seine letzten Worte."

Als er, Dr. Brandt, am nächsten Morgen nach ihm sehen wollte, war er nachts schon abtransportiert worden, wohin und durch wen, wusste niemand.

VIII

Tod im KZ Sachsenhausen

Vermutlich in der Nacht vom 23. auf den 24. Juli 1944 ist Siegfried Wagner von Gestapo-Leuten aus dem Potsdamer Krankenhaus verschleppt und in das Konzentrationslager Sachsenhausen gebracht worden. Dieses Konzentrationslager, das nur wenige Kilometer nördlich von Berlin am Rande der Stadt Oranienburg liegt, ist 1936 als Lager für die Reichshauptstadt eingerichtet worden. Am Eingangstor – hier abgebildet – sind die zynischen Worte „Arbeit macht frei" angebracht.

Für die Rekonstruktion der Geschehnisse der nächsten Tage von der Einlieferung Siegfried Wagners bis zu dessen Tod am 26. Juli 1944 sind die Erinnerungen von Bruno Meyer, die in dem von mir bereits erwähnten und von

Winfried Meyer herausgegebenen Buch „Verschwörer im KZ" auf S. 378 ff. abgedruckt sind, von ausschlaggebender Bedeutung. Bruno Meyer war politischer Häftling im Lager und für eine Tätigkeit im dortigen Krankenrevier eingeteilt. Er überlebte das Konzentrationslager und verstarb im Jahre 1983 kurz vor Weihnachten. Das Krankenrevier des Konzentrationslagers war nach Recherchen von Winfried Meyer, dem Herausgeber und teilweise auch Autor des fraglichen Buches (die Namensgleichheit ist zufällig, die unterschiedlichen Vornamen sind daher besonders zu beachten), technisch und personell optimal ausgestattet und garantierte eine medizinische Behandlung und fachkundige Pflege auch von Schwerverletzten, deren Qualität der in Berliner Krankenhäusern nicht nachgestanden haben dürfte, eine bemerkenswerte Aussage (S. 14).

Der Bericht Bruno Meyers über den Aufenthalt von Siegfried Wagner in Sachsenhausen ist 1961 veröffentlicht worden; unklar ist, wann Bruno Meyer ihn verfasst hat. Nach seiner Erinnerung wurde Siegfried Wagner in der Nacht vom 23. auf den 24. Juli 1944 in den Krankenbau des KZ Sachsenhausen eingeliefert. Er schildert die Einlieferung so:

„Als ich ... aus der Revierbaracke R II ins Freie trat, sah ich vor der gegenüberliegenden Ambulanz ein großes Krankenauto stehen, dessen hintere Türen gerade geöffnet worden waren. Vor der geöffneten Hinterfront des Autos standen ... zwei Männer in Zivil. ... Der Zivilist ... erklärte, dass der Kranke, der sich im Krankenauto befände, vorsichtig behandelt werden müsse, da er ein wichtiger Mann sei. Er sei aus dem Fenster gestürzt und sei verletzt. ... Die beiden Krankenträger aus unserer Ambulanz betteten den Kranken nun schnell von *der einen Trage auf die andere. … Obwohl dieser dabei~ wie wir später feststellten~ erhebliche Schmerzen ertragen haben musste, rührte er sich nicht und gab keinen Laut von sich. Als sie die Trage aufgehoben hatten ….., hob der Kranke leicht die linke Hand und rief mit normal starker Stimme: „Mein Koffer! Mein Koffer ist noch im Auto."*

Bruno Meyer brachte dem Kranken sein Köfferchen und sah bei dieser Gelegenheit, dass er eine ca. 3 – 5 cm lange Platzwunde, von der Augenbraue schräg zur Stirnmitte verlaufend, aufwies. Noch in der Nacht wurde der Patient geröntgt und Meyer erfuhr von dem Kollegen, der diese Maßnahme durchgeführt hatte, dass ein Beckenbruch, ein völlig zertrümmerter unterer Lendenwirbel und eine starke Stauchung der Wirbelsäule diagnostiziert worden seien. Der Verletzte sei noch in der Nacht in eine Gipshose gebettet und in die Baracke R I verbracht worden. Es handelte sich also offensichtlich und nachvollziehbar um wesentlich schwerere Verletzungen als nach den Erinnerungen der Tochter Wagners von Dr. Brandt unmittelbar nach dem Sprung noch in der Kurfürstenstraße 19 festgestellt. Bis zu diesem Zeitpunkt war dem Pfleger Meyer die Identität des Verletzten noch nicht bekannt. Als er sich im weiteren Verlauf des Tages – es müsste der 24. Juli gewesen sein – zur Baracke R I begab, fand er das Bett des Patienten leer vor. In dieser Situation erinnert er sich

„Auf der schwarzen Tafel über dem Kopfende des Bettes stand mit Kreide geschrieben: Siegfried Wagner."

Die Verletzungen des Patienten in Verbindung mit dem Namen ergaben eindeutig, dass es sich hierbei um Oberst Siegfried Wagner gehandelt hat, der sich bei dem Sprung aus dem Fenster diese erheblichen gesundheitlichen Beeinträchtigungen zugezogen hat. Eine Verwechslung mit dem ebenfalls in den Widerstand involvierten General Eduard Wagner ist ausgeschlossen, da Eduard Wagner sich bereits am 23. Juli erschossen hatte, um seiner bevorstehenden Verhaftung zu entgehen.

Bruno Meyer erfuhr von einem Pfleger, Wagner sei schon am frühen Morgen auf einer fahrbaren Bahre in das Verbandszimmer zu Vernehmung gefahren worden; diesen Raum zu betreten sei streng verboten. Er erinnert sich, dass die Vernehmung offensichtlich den ganzen Tag andauerte und am Folgetag fortgesetzt wurde. An diesem mutmaßlich 25. Juli betrat Meyer unter einem Vorwand für einen kurzen Augenblick das Vernehmungszimmer; in seinen Erinnerungen schildert er die Situation mit diesen Worten:

„An den beiden Schmalseiten des Tisches saß je ein Gestapobeamter in Zivil.... An der rechten Längswand des Zimmers stand der Fahrtisch, auf dem Siegfried Wagner lag. ... Im Augenblick, als ich die Tür öffnete, sprach Siegfried Wagner gerade und machte mit der rechten Hand eine leichte unterstreichende Bewegung. ... Diese Vernehmungen fanden ununterbrochen statt und dauerten, wenn ich mich recht erinnere, drei Tage ... Dann hieß es plötzlich, Siegfried Wagner sei tot."

An anderer Stelle vermutet der Herausgeber und Autor Winfried Meyer, dass die nach dem Attentat eingerichtete „Sonderkommission 20. Juli" in Sachsenhausen als Krankenpfleger beschäftigte Häftlinge als „Informanten" genutzt habe, um Häftlinge, die wegen des Umsturzversuches eingeliefert worden seien, auszuhorchen (S. 34). Ob dies auch bei Siegfried Wagner der Fall war, erscheint wegen der ununterbrochenen Vernehmungen und der Kürze der Zeit bis zu seinem Tod unwahrscheinlich.

Bruno Meyer erinnert sich hinsichtlich des plötzlichen Todes seines Patienten so:

„Über die Todesursache kann ich nichts sagen. ... Über eine Verletzung von inneren Organen habe ich nichts gehört. Es war ja auch wegen der dauernden Vernehmungen nicht möglich, weitere Untersuchungen vorzunehmen. Auch eine Behandlung des Kranken war dadurch fast völlig ausgeschlossen. Ich erinnere mich deutlich, dass der plötzliche, unerwartete Tod des Kranken uns alle überrascht hat. Die nach der Röntgenaufnahme festgestellten Verletzungen und Knochenbrüche brauchten nicht unbedingt zum Tode führen."

Winfried Meyer datiert den Tod von Siegfried Wagner auf den frühen Morgen des 26. Juli (S. 45) und weist auf die Sterbeurkunde des SS-Standesamtes Oranienburg II, ausgestellt am 27. Juli 1944, hin. Als Todesursache wird darin ausgewiesen

„Kompressionsfraktur 3. Lendenwirbel, Luxationsfraktur 10. Rippe rechts, Sitz- und Schambeinfraktur links."

Es bleibt festzuhalten, dass der nach dem Sprung aus dem Fenster schwer, aber nicht lebensgefährlich verletzte Siegfried Wagner von Gestapo-Mitarbeitern aus dem Potsdamer Krankenhaus ins KZ Sachsenhausen verbracht worden ist und dort über vermutlich mindestens zwei Tage, nämlich am 24. und 25. Juli, nahezu ohne Unterbrechung verhört worden ist. In dieser Zeit wurde weder eine sorgfältige über das Röntgen hinausgehende Untersuchung durchgeführt noch wurde der Verletzte sachgerecht medizinisch versorgt. Ob bei den Verhören darüber hinaus die von Wagner im Gespräch mit seiner Tochter befürchteten Vernehmungsmethoden angewandt worden sind, muss offen bleiben. Ob und aufgrund welcher Umstände der für das Pflegepersonal überraschende Tod eingetreten ist, bleibt ebenfalls ungeklärt.

Unbeschadet dieser Unklarheiten sind aus historischmoralischer Sicht die Gestapo und ihre Befehlshaber bis ganz nach oben in die Führungsetage von Staat und NSDAP als die Verantwortlichen für den Tod von Siegfried Wagner, also letztlich als seine Mörder, anzusehen.

Aber auch aus meiner Sicht als (pensionierter) Strafrichter sprechen schon die eindeutig feststehenden Umstände für ein zumindest bedingt vorsätzliches Tötungsdelikt durch aktives Tun (Verbringen aus dem Krankenhaus ins KZ mit anschließenden Dauerverhören) oder zumindest durch Unterlassen, nämlich der sachgerechten medizinischen Versorgung, zu deren Veranlassung die verantwortlichen Gestapo-Leute aufgrund der vorangegangenen Verbringung nach Sachsenhausen verpflichtet gewesen wären. Es greift also viel zu kurz und wird der Gesamtsituation nicht gerecht, hier lediglich von einem Tod durch Suizid zu sprechen, wie dies Berghahn getan hat.

Mit Einschreiben vom 3. August 1944 teilt die Verwaltung des Konzentrationslagers Sachsenhausen Frau Carla-Luise Wagner mit, dass ihr Mann Siegfried Wagner „hier im Lager" verstorben sei. In einer kleinen Dose werden ihr seine Armbanduhr, ein Ring und zwei Orden übersandt. Im Text heißt es:

„Es wird gebeten, die beiliegende Empfangsbestätigung unterschrieben zurückzusenden".

Ja, Ordnung muss auch in einem Konzentrationslager und angesichts des Todes herrschen! Unrechtsstaaten legen auf den Anschein der Korrektheit ihrer Maßnahmen und Handlungen großen Wert. Und dass der Inhalt der Sendung

„richtig verpackt"

worden ist, hat der Leiter der Verwaltung ebenfalls festgehalten. Bedrückend, dass die typisch deutsche korrekte Verwaltung auch dort zum Tragen gekommen ist. Das im Original erhaltene Schreiben und ein Foto der Dose werden nachfolgend abgebildet.

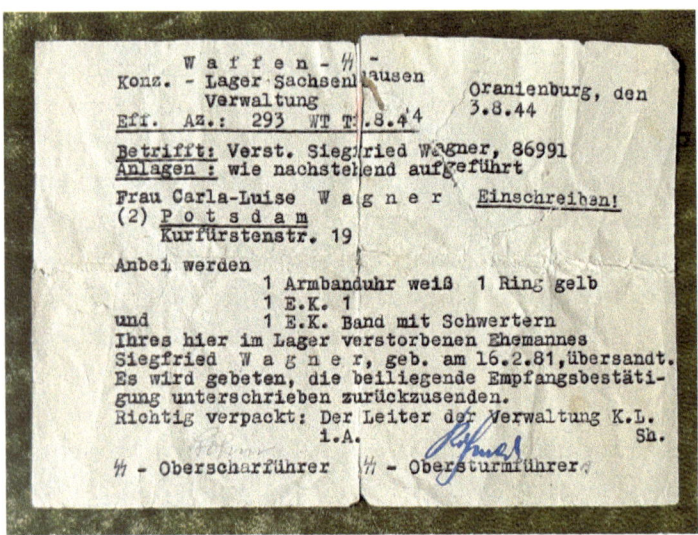

Ruth-Felicitas (Hotta) berichtet in ihren 1994 zu Papier gebrachten Erinnerungen davon, dass ihre Mutter ihr am 1. August 1944 ein auf dem Schreibtisch des Vaters liegendes (nicht mehr erhaltenes) Schreiben gezeigt habe.

„Hiermit erfüllt die Wehrmacht die traurige Pflicht, Sie vom Ableben Ihres Herrn Gemahls in Kenntnis zu setzen. Die Beisetzung hat bereits in aller Stille auf dem Neuen Friedhof in Potsdam stattgefunden."

Gut drei Wochen nach Erfüllung dieser „traurigen Pflicht", nämlich am 24. August 1944, ist Siegfried Wagner aus der Wehrmacht ausgestoßen worden, wie urkundlich belegt ist. Ebenso ist mit den nach dem 20. Juli verhafteten lebenden Verschwörern verfahren worden; Hintergrund war, dass diese nach dem Willen der obersten Nazi-Führung nicht als Offiziere vor ein Kriegsgericht, sondern als Verräter vor den Volksgerichtshof unter Roland Freisler kommen sollten.

Zwei Dinge erscheinen mir im Zusammenhang mit der Benachrichtigung über den Tod Wagners erstaunlich. Zum einen ist die Wehrmacht offensichtlich sehr schnell von der SS-Lagerleitung über dessen Tod informiert worden mit der Folge, dass die Witwe die Todesnachricht noch vor dem oben abgebildeten Schreiben der Lagerleitung aus Sachsenhausen erhalten hat. Zum anderen ist bemerkenswert, dass der Leichnam von den Nazi-Verantwortlichen freigegeben worden ist. Bei anderen „Verrätern" des 20. Juli sind die Leichen verbrannt worden, die Asche ist in alle Winde verstreut worden. So war es Ruth-Felicitas möglich, mit ihrer jüngsten Schwester Ursula unverzüglich zum Neuen Friedhof zu fahren und mit dem Friedhofsinspektor Kontakt aufzunehmen. Dieser zeigte den beiden jungen Frauen ein Armengrab, auf dem der Tote am Freitag, dem 28. Juli 1944, begraben worden sei. Dieses Grab schien den beiden für ihren Vater nicht angemessen, und sie fragten den Inspektor, ob eine Umbettung auf eine würdigere Grabstelle möglich sei. Der Inspektor, der selbst alter Stahlhelmer war und wusste, dass es sich bei dem Toten um Oberst Wagner, den ehemaligen Kanzler des Stahlhelm, handelte, begleitete die Frauen zu einer freien Grabstelle für sechs Personen, die Ruth-Felicitas sogleich kaufte und die auch jetzt noch in Familienbesitz ist. Im Gespräch mit diesem aufrechten Mann äußerte sie

„Es ist mir ein entsetzlicher Gedanke, dass sie meinen Vater noch sehr gequält haben."

Der Inspektor entgegnete beruhigend

„Unter dem Siegel tiefster Verschwiegenheit sage ich Ihnen, er ist nicht am Freitag, sondern erst am Samstag begraben worden. Ich habe den Sarg zurückbehalten und ihn in der

Nacht geöffnet. Er lag dort im Unterzeug mit einem kleinen Pflaster auf der Stirn und an einem Handgelenk in tiefstem Frieden ... gequält, das ist ausgeschlossen."

Diese Aussage eines anständigen und mitfühlenden Mannes hat der gesamten Familie Wagner ein Stück ihres Seelenfriedens wiedergeben können.

IX

Nach dem Scheitern

„Es ist Zeit, dass jetzt etwas getan wird. Derjenige allerdings, der etwas zu tun wagt, muss sich bewusst sein, dass er wohl als Verräter in die Deutsche Geschichte eingehen wird. Unterlässt er jedoch die Tat, dann wäre er ein Verräter vor seinem eigenen Gewissen."

Mit dieser Äußerung, wenige Tage vor dem Attentat vom 20. Juli 1944 gegenüber der Frau eines Regimentskameraden abgegeben, hat sich Stauffenberg als Prophet erwiesen. Obwohl nach fast fünf Jahren Krieg, eigentlich schon nach der Niederlage von Stalingrad, jedem kritisch denkenden Menschen hätte klar sein müssen, dass der Krieg verloren war, hat der vermutlich ganz überwiegende Teil der Bevölkerung so gedacht, wie Stauffenberg es geargwöhnt hat. Stellvertretend für viele sei hier die Äußerung meines zum Zeitpunkt des Attentates 29-jährigen Vaters, der sich im Sommer 1944 von einer als Soldat in Italien erlittenen Verletzung in Deutschland erholte, wiedergegeben:

„Gott sei Dank, der Führer lebt!"

So hat es mir meine Mutter, die seit 1940 mit meinem bereits 1969 verstorbenen Vater verheiratet war, berichtet; ich habe keinen Grund, an der Richtigkeit dieser Aussage zu zweifeln.

Diese in der deutschen Bevölkerung noch 1944 weit verbreitete Haltung zu dem Attentat und dem Umsturzversuch hat sich nach dem Ende des Krieges nicht schlagartig geändert. Es hat viele Jahrzehnte gedauert, bis die Widerstandskämpfer vom 20. Juli wie auch die vielen anderen Personen, die auf ganz unterschiedliche Weise Widerstand geleistet haben, die ihnen gebührende Anerkennung gefunden haben. Auch im Ausland sah das zunächst nicht wirklich anders aus. Versuche von Widerstandsgruppen, während des Krieges mit den Alliierten Kontakt aufzunehmen, um mögliche Szenarien nach einem Umsturz zu sondieren, waren erfolglos. So versuchte etwa Dietrich Bonhoeffer Ende Mai/Anfang Juni 1942 vergeblich, mit den Briten über einen Mittelsmann Verbindung aufzunehmen; der britische Außenminister Anthony Eden war jedoch der Auffassung, auf diesen Versuch sei eine Antwort nicht angezeigt. Churchill soll, wie verschiedene Quellen berichten, nach dem 20. Juli 1944 von

„Ausrottungskämpfen unter Würdenträgern des Dritten Reiches"

gesprochen haben. Im Jahre 1946 hörte sich das anders an, als Churchill vor dem britischen Unterhaus folgende Sätze sprach:

„In Deutschland lebte eine Opposition, die durch ihre Opfer und eine entnervende internationale Politik immer schwächer wurde, aber zu dem Edelsten und Größten gehörte, was in der Geschichte aller Völker je hervorgebracht wurde. Diese Männer kämpften ohne Hilfe von innen oder außen – einzig getrieben von der Unruhe des Gewissens. So lange sie lebten, waren sie für uns unsichtbar und unerkennbar, weil sie sich tarnen mussten. Aber an den Toten ist der Widerstand sichtbar geworden."

Im Nachkriegsdeutschland war es noch ein weiter Weg, bis sich eine derartige Erkenntnis durchsetzte. Es ist das Verdienst von Fritz Bauer, maßgeblich für die auch juristische Anerkennung der Taten der Männer vom 20. Juli 1944 gesorgt zu haben. Fritz Bauer, ein 1903 in Stuttgart geborener Jurist jüdischer Abstammung, emigrierte 1936 nach Dänemark, entging 1943 dort durch Flucht nach Schweden der Deportation ins KZ Theresienstadt und kehrte 1949 nach Deutschland zurück. 1950 wurde er Generalstaatsanwalt beim Oberlandesgericht Braunschweig. Vor dem Landgericht Braunschweig wurde im Frühjahr 1952 ein Strafverfahren gegen den ehemaligen Major Remer geführt. Remer hatte als Kommandeur des Berliner Wachbataillons entscheidenden Anteil an der Niederschlagung des Umsturzversuches vom 20. Juli 1944. Er gehörte nach dem Krieg zu den Gründern der rechtsradikalen „Sozialistischen Reichspartei" (SRP), die im Oktober 1952 vom Bundesverfassungsgericht verboten wurde. Bei einer Parteiveranstaltung im Frühjahr 1951 bezeichnete er die Attentäter des 20. Juli als „vom Ausland gedungene Landesverräter". Gegen Remer wurde ein Strafverfahren wegen „Übler Nachrede" (§ 188 StGB) in Tateinheit mit „Verunglimpfung des Andenkens Verstorbener" (§ 189 StGB) eingeleitet. Fritz Bauer (der Jahre später als Generalstaatsanwalt in Frankfurt/Main gegen erhebliche Widerstände auch aus seiner eigenen Behörde den ersten Auschwitz-Prozeß durchsetzte) vertrat vor der Strafkammer die Anklage. Nach seinem Plädoyer, dem die Strafkammer in ihrem Urteil vollumfänglich folgte, wurde Remer zu einer Freiheitsstrafe von drei Monaten verurteilt. In der Urteilsbegründung werden die Attentäter des 20. Juli ausdrücklich vom Verdacht des Landes- und Hochverrates freigesprochen. Insoweit führt die Strafkammer aus

„Die Strafkammer ist der Auffassung, dass der national-sozialistische Staat ... ein Unrechtsstaat war."

Die Widerstandskämpfer hätten aus Vaterlandsliebe und einem bis zur Selbstaufopferung gehenden Verantwortungsbewusstsein gegenüber ihrem Volk die Beseitigung Hitlers und des von ihm geführten Regimes erstrebt. Erstmalig hatte ein bundesdeutsches Gericht den Nazistaat als „Unrechtsregime" und das Tun der Attentäter als gerechtfertigt bezeichnet!

Bis diese Einstellung in der Gesamtheit der deutschen Bevölkerung vorherrschend wurde, dauerte es noch einige Zeit. Meine Frau hat mir erzählt, dass sie als kleines Mädchen an der Hand ihrer Mutter im bürgerlichen Berliner Bezirk Lichterfelde auf der Straße unterwegs war, als ihnen eine Frau begegnete und vor ihnen mit den verächtlich herausgeschleuderten Worten

„Du Tochter eines Vaterlandsverräters"

ausspuckte. Meiner Schwägerin war dieses Geschehen ebenfalls bekannt. Da meine Frau 1952 geboren worden ist und das Erinnerungsvermögen eines Kindes frühestens mit dem 3. oder 4. Lebensjahr einsetzt, kann sich diese Situation erst 1955 oder 1956 zugetragen haben, es sei denn, die Angaben meiner Frau beruhen auf Erzählungen ihrer Mutter.

Die wirtschaftliche Situation der Witwen und Waisen der nach dem 20. Juli 1944 von den Nationalsozialisten ermordeten Verschwörer war gegenüber der finanziellen Lage der Angehörigen der nationalsozialistischen Täter in der jungen Bundesrepublik durchaus unterschiedlich. Die Witwe des „Blutrichters" Roland Freisler, der im Februar 1945 in Berlin nach einem Bombenangriff von einem Balken erschlagen worden ist, bekam von den bundesdeutschen (bayrischen) Behörden eine solide Rente aus der Kriegsopferversorgung. Diese wurde im Jahre 1974 noch einmal um 400 DM erhöht; ihr stünde ein „Berufsschadensausgleich" zu, weil ihr Mann nach dem Krieg als Anwalt oder Beamter ein höheres Einkommen erzielt hätte. Das erscheint grotesk!

Demgegenüber ging es vielen Witwen und Waisen der Attentäter in den ersten Jahren nach 1945 finanziell schlecht; möglicherweise lag das auch daran, dass ihre Männer/Väter aus der Wehrmacht ausgestoßen worden waren und damit ihren Status, der den Angehörigen zu einer Versorgung hätte verhelfen können, verloren hatten.

In den von Klaus Zehe über seine Großmutter, die Witwe von Siegfried Wagner, gesammelten Unterlagen befindet sich ein von Carla-Luise Wagner am 1. Juli 1945 ausgefülltes Formular, gerichtet an den „Magistrat der Stadt Potsdam (Ausschuss ‚Opfer der Naziherrschaft')", mit dem sie ihre Anerkennung als – indirektes – Opfer der Naziherrschaft beantragt. Mit Schreiben des Oberbürgermeisters Potsdam vom 24. September 1945 an das Ernährungsamt wird Carla Wagner daraufhin als Angehörige eines durch die Nazijustiz Ermordeten geführt und es wird gebeten, ihr die „Schwerarbeiterkarte" zu bewilligen. Der Oberbürgermeister der Stadt Potsdam wiederholt dies mit Schreiben vom 24. Oktober 1945 an das Ernährungsamt und hält fest, dass Frau Carla-Luise Wagner für drei Monate einen Anspruch auf die Schwerarbeiter-Zusatzkarte habe. In einem Schreiben vom „Magistrat der Stadt Potsdam (Opfer des Faschismus)" vom 5. Juli 1946 wird Frau Carla Luise Wagner „als Opfer bestätigt". In einem weiteren Schreiben vom „Rat der Stadt Potsdam (Opfer des Faschismus)" vom 24. Juni 1948 wird die Witwe in einer etwas ungeschickten Formulierung „erneut als Hinterbliebene ihres Mannes" anerkannt. Es befinden sich auch Kopien von einigen von Carla Wagner ausgefüllten Formularen, mit denen sie eine finanzielle Unterstützung beantragt, in den Unterlagen. Im Dezember 1946 wird ihr vom Magistrat der Stadt Potsdam für die Monate November und Dezember ein Zuschuss von RM 200,- (Reichsmark) bewilligt. Auf einem Antrag vom 7. Juli 1952 wird eine monatliche Rente von 250,- DM erwähnt sowie eine letztmalig 1948 gewährte einmalige Beihilfe von 100 DM (auch in der DDR hieß die Währung bis 1964 „Deutsche Mark"). Durch Beschluss der Landesregierung Potsdam – Ministerium für Wirtschaft und Arbeit – vom 29. Juli 1952 wird der Witwe daraufhin eine erneute einmalige Beihilfe in Höhe von wiederum 100,- DM bewilligt. Aus diesen Anträgen und Bescheiden wird deutlich, dass die Witwe von Siegfried Wagner in den ersten Jahren nach Kriegsende in beengten wirtschaftlichen Verhältnissen leben musste. Ausweislich der in den bezeichneten Schriftstücken angegebenen Anschrift lebte sie in Potsdam zunächst noch in der Wohnung Kurfürstenstraße 19, spätestens ab Ende 1947 dann in eineinhalb Zimmern in der Leiblstraße 7, einer kleinen Parallelstraße der Kurfürstenstraße.

Eine Petitesse am Rande in diesem Zusammenhang ist der Umstand, dass mehrere Anträge von Carla Wagner – wie auch in deren Folge amtliche Bescheide – das unzutreffende Geburtsdatum 12. 2. 1886 tragen. Meine Frau hat mir erzählt, dass ihre Großmutter ein wenig eitel gewesen sei und ein Problem damit gehabt habe, ein Jahr älter als ihr Ehemann zu sein; sie habe deswegen oftmals bei der Angabe ihres Geburtsdatums die „0" von 1880 so offen geschrieben, dass man diese auch als „6" lesen konnte. Die Geschwister meiner Frau haben mir diese Geschichte bestätigt. So ist Carla Wagner im Laufe der Zeit auch gegenüber staatlichen Stellen um sechs Jahre jünger geworden.

Angesichts der finanziell angespannten Lage vieler Witwen und Waisen der Verschwörer war es ein Segen, dass die „Stiftung Hilfswerk 20. Juli" gegründet wurde. Schon im Jahre 1945 als „Hilfswerk 20. Juli" entstanden, erhielt das Hilfswerk 1949 die Rechtsform einer Stiftung. Schwerpunkt der Tätigkeit und wichtigstes Ziel des Hilfswerks war zunächst die materielle Unterstützung der Angehörigen und der Überlebenden. Erst im Jahre 1994 wurde nach einer Satzungsänderung aus der „Stiftung Hilfswerk 20. Juli" nunmehr die „Stiftung 20. Juli", da die finanzielle Unterstützung von Angehörigen im Laufe der Jahre ihre Bedeutung verloren hatte. Hauptaufgabe der Stiftung, die zusammen mit der Bundesregierung auch die jährlichen Gedenkfeiern zum 20. Juli organisiert, ist jetzt die Aufrechterhaltung der Erinnerung sowie die Weitergabe und auch Interpretation des deutschen Widerstandes, nicht nur des militärischen, in seiner gesellschaftlichen Bandbreite.

Die Witwe Siegfried Wagners hat ausweislich eines bei den Unterlagen von Klaus Zehe befindlichen Schreibens des „Hilfswerkes 20. Juli 1944" vom 10. November 1947 an Ruth-Felicitas Zehe im August 1947 eine einmalige Überweisung von 1000,- Mark erhalten. In dem Schreiben wird auch die Möglichkeit einer monatlichen Überweisung ab dem Jahr 1948 erwähnt, die allerdings angesichts der bevorstehenden Währungs-Reform sehr unsicher sei.

Aus mündlichen Berichten meines Schwagers Hans-Peter Mildebrath weiß ich, dass seine Großmutter zu Beginn der 50er Jahre (vermutlich im Spätsommer 1952) aus Potsdam zu ihrer ältesten Tochter Ingeborg Mildebrath (meiner späteren Schwiegermutter) in den Weddigenweg nach Berlin-Lichterfelde gezogen ist. Das Ehepaar Mildebrath hatte, wie bereits in Kapitel II erwähnt, dort im Jahre 1937 eine Doppelhaushälfte erworben. Nach 1945 war das Haus kurze Zeit von den Russen und dann mehrere Jahre von den Amerikanern besetzt. Nach der Erinnerung meines Schwagers ist das Haus so etwa um 1950 oder 1951 in einem ziemlich desolaten Zustand mit mehreren Rohrbrüchen der Familie zurückgegeben worden. Bis zur Rückgabe des Hauses durch die Amerikaner hatte die Familie Mildebrath in der Kleinstadt Dahme in der Mark Brandenburg, etwa 80 km südlich der Berliner Stadtgrenze gelegen, gewohnt. Dort betrieb der Schwiegersohn von Siegfried Wagner (mein Schwiegervater, den ich nicht mehr kennengelernt habe) einen Landmaschinenhandel mit einigen Angestellten. Der Zuzug der Witwe Wagner zu ihrer ältesten Tochter nach Berlin (West) erfolgte, weil sie hier eine bessere Rente bezog. Sie bewohnte mehrere Jahre das Erdgeschoss der Doppelhaushälfte. Auch nach Rückgabe des Hauses blieb der Ehemann von Ingeborg Mildebrath zunächst noch in Dahme, um den Betrieb weiter zu leiten; die gemeinsamen Kinder Hans-Peter und Verena lebten – so hat es mir mein Schwager berichtet – weiter beim Vater, während seine Frau Inge und wohl auch deren jüngste Schwester Ulla mit ihrem Sohn Peter sich das Obergeschoss des Hauses im Weddigenweg teilten. Gisela, die älteste Tochter der Mildebraths, war im Internat. Ab dem 4. Mai 1952 lebte auch die jüngste Enkelin von Siegfried und Carla-Luise Wagner (meine spätere Frau Gesa-Mariette) in der Doppelhaushälfte in Lichterfelde. Ulla, die nach der Scheidung alleinerziehend und zudem aus gesundheitlichen Gründen nur eingeschränkt erwerbsfähig war, erhielt in diesen Jahren nach der Erinnerung meines Schwagers von der Stiftung Hilfswerk 20. Juli eine bescheidene finanzielle Unterstützung.

In den Osterferien 1953 befanden sich auch Verena und Hans-Peter zu Besuch bei der Mutter in Lichterfelde, als der Vater in Dahme entweder von einem loyalen Mitarbeiter oder von einem ihm wohl gesonnenen Polizisten gewarnt wurde, seine Verhaftung als „Ausbeuter und Sklavenhalter" durch die kommunistischen Machthaber stünde unmittelbar bevor (nach Erinnerung meines Schwagers soll dies am 20. April 1953 geschehen sein). Der Vater flüchtete daraufhin in einer Nacht- und Nebelaktion unter Zurücklassung jeglicher Habe nach Berlin (West) zu seiner Familie. Es wurde nun ziemlich eng im Obergeschoss der Doppelhaushälfte; daher bauten die Cousins Hans-Peter (Mildebrath) und Peter (Görnandt) einige Zeit später einen Teil des dortigen Kellers aus, der nunmehr auch zu Wohnzwecken genutzt wurde. Die Großmutter Wagner bezog, nachdem sie mehrere Jahre im Weddigenweg gelebt hatte, eine eigene kleine Wohnung, ganz in der Nähe in der Ringstraße. Sie verstarb am 1. November 1963 im Alter von 83 Jahren.

Aber ich bin der Zeit vorausgeeilt. Um Siegfried Wagner und seinem Wirken im Widerstand gerecht zu werden, ist es unabdingbar, aus einem Brief, den sein langjähriger Mitstreiter beim Stahlhelm und dann auch im Widerstand, Jenö von Egan-Krieger, am 8. Februar 1947 an die Witwe Carla Wagner geschrieben hat, zu zitieren. Darin heißt es

„Meine sehr verehrte, liebe gnädige Frau,

... am 16. würde Ihr lieber Friedel seinen 66. Geburtstag begehen können. Meine Gedanken sind so viel bei diesem lieben treuen Freund, der wahrlich zu den Besten unseres deutschen Volkes gehört hat. Sie können mit Ihren Kindern stolz auf ihn sein! Ich trage für ihn ja noch ein ganz besonderes Maß an Dankbarkeit. Wie wir einst beim Stahlhelm Leid und Freud durch Jahre miteinander geteilt haben, so hörte ja auch unsere Zusammenarbeit nach dem 26.4.1933 nie auf, als wir von Jahr zu Jahr nach einem Ausweg suchten, um

unser Volk von Hitler zu befreien. Noch am 15. Juli 1944 war ich das letzte Mal bei ihm auf seinem Büro, wo er mir sagte, dass eigentlich schon an diesem Tage der Anschlag auf Hitler sein sollte, dass es aber im letzten Augenblick auf den 20. verschoben sei. Er nannte mir auch den Grafen Stauffenberg als den mit der Ausführung Beauftragten und glaubte, dass alles bestens vorbereitet sei.... Wer konnte damals ahnen, dass dies das letzte Mal sein würde! Dass er dann, als er von der Gestapo schwer verletzt weggeschleppt und ver-hört wurde, in diesen letzten Tagen der Qual meinen Namen dennoch nicht genannt hat, werde ich diesem treuen Freun-de nie vergessen! Denn sonst hätte mich damals das gleiche Schicksal ereilt wie so viele unserer tapferen Freunde...."

Dieses Schreiben spricht für sich.

In den Jahren ab 1980, spätestens ab 1982 nach unserer Eheschließung, habe ich meine Frau regelmäßig zu den Gedenkveranstaltungen zum 20. Juli begleitet. Im Ehren-hof des Bendlerblocks in der Stauffenbergstraße spielte zwischen den verschiedenen Redebeiträgen stets eine Ka-pelle der Berliner Polizei ernste Musik, die Bundeswehr-kapelle durfte aufgrund des alliierten Status von Berlin dort nicht in Erscheinung treten. In der im Bendlerblock befindlichen „Gedenkstätte Deutscher Widerstand", die 1968 eingerichtet und 1983 erweitert wurde, kann die Dauerausstellung „Widerstand gegen den Nationalsozialis-mus" besucht werden; in ihr wird auch die Rolle von Sieg-fried Wagner im Zusammenhang mit der Verschwörung dargelegt.

In der DDR wurde der Verschwörer des 20. Juli nicht ge-dacht. Als oftmals adelige Vertreter des konservativen, mitunter monarchistisch geprägten preußischen Militarismus passten sie – anders als etwa die Mitglieder der von den Nationalsozialisten so bezeichneten „Rote Kapelle" – nicht ins Geschichtsbild dieses Staates. Ein einziges Mal, nämlich am 20. Juli 1990, wurde dieser Tag in der DDR gewürdigt. Die Mauer war Monate zuvor gefallen, Honecker und seine Kurznachfolger Krenz und Modrow waren bereits Vergangenheit; nach den ersten und einzigen freien Wahlen in der DDR am 18. März 1990 war Lothar de Maiziere Regierungschef geworden, freilich nur für eine überschaubare Zeit. Die Feierstunde zum 20. Juli fand im Hauptquartier der Nationalen Volksarmee (NVA) in Strausberg statt. Meine Frau, meine Schwiegermutter und ich nahmen neben vielen anderen Angehörigen und weiteren interessierten Personen an der Veranstaltung teil. Es waren improvisierte Holzbänke im Freien aufgestellt, auf denen wir Platz nahmen. Während der „Minister für Abrüstung und Verteidigung", der Pfarrer Rainer Eppelmann, eine Rede hielt, standen im Halbkreis hinter unseren Bänken etwa 150 NVA-Offiziere; angesichts der Tatsache, dass die DDR in 10 Wochen nicht mehr existieren würde, sahen sie einer ungewissen Zukunft entgegen. Das war eine etwas gespenstische Atmosphäre!

Ansonsten hat sich der Charakter der jährlichen Gedenkveranstaltungen im Bendlerblock und in der Gedenkstätte Plötzensee nach der Vereinigung der beiden deutschen Staaten am 3. Oktober 1990 nicht wesentlich geändert. Anstelle der Polizeikapelle tritt nun bei der Feierstunde im Bendlerblock eine Kapelle der Bundeswehr in Erscheinung. Im Hof des Bendlerblocks wurden in der Nacht zum 21. Juli 1944 Oberst Claus Schenk Graf von Stauffenberg und seine Mitstreiter General Friedrich Olbricht, Oberst Albrecht Ritter Mertz von Quirnheim und Oberleutnant Werner von Haeften erschossen; der nach einem gelungenen Umsturz als neues Staatsoberhaupt vorgesehen Generaloberst a. D. Ludwig Beck wurde zur gleichen Zeit zu einem – gescheiterten – Selbstmordversuch gezwungen und dann erschossen. Wenn bei der jährlichen Gedenkveranstaltung in einem Trompetensolo das Lied „Ich hatt' einen Kameraden" erklingt, geht das durchaus zu Herzen. Und ich kann mich an eine besondere Situation in einem der ersten Jahre nach der Wiedervereinigung erinnern. Wie jedes Jahr, wurde am Ende der Veranstaltung die Nationalhymne intoniert; plötzlich – zunächst ganz zaghaft und leise, allmählich intensiver werdend – sangen die anwesenden Gäste die Hymne mit, für mich und wohl die meisten Teilnehmer ein bewegender Moment. Die Männer des 20. Juli 1944 haben ihr Leben für ein besseres Deutschland gegeben; sie mit der gesungenen Hymne dieses inzwischen wirklich besseren Landes zu ehren, haben sie verdient!

Nach der Vereinigung vom 3. Oktober 1990 hat sich, was die Erinnerungskultur an den 20. Juli und die Verbrechen in der Zeit der Naziherrschaft betrifft, auf dem Gebiet der ehemaligen DDR einiges geändert. Besonders deutlich wird dies an der bereits zu DDR-Zeiten eingerichteten Gedenkstätte für das KZ Sachsenhausen. Nachdem die Sowjets dort von 1945 bis 1950 ein „Speziallager" betrieben hatten, gab es in den 50-er Jahren ein „Komitee der antifaschistischen Widerstandskämpfer der DDR" sowie eine „Lagerarbeitsgemeinschaft Sachsenhausen" und ab 1961 eine „Nationale Mahn- und Gedenkstätte Sachsenhausen". Der militärische Widerstand um die Männer des 20. Juli 1944 wurde dort entweder nicht erwähnt oder als „nicht wahrhaft antifaschistischer Widerstand" herabgewürdigt. Noch 1955 wurde in dem Komitee der 20. Juli „als Verrat am deutschen Volk" bezeichnet, die Legende um diesen Tag müsse zerschlagen werden. Bis zum Ende der DDR änderte sich an dieser Sichtweise im Wesentlichen nichts (vgl. Meyer, Verschwörer im KZ, S. 46).

Im Jahre 1993 wurden auf dem Gelände des ehemaligen Konzentrationslagers die Gedenkstätte und das Museum Sachsenhausen eingerichtet. Zum 50. Jahrestag der Ermordung des Widerstandskämpfers Hans von Dohnanyi im KZ am 9. April 1945 gab es in der Gedenkstätte eine Sonderausstellung, in der neben Dohnanyi auch Siegfried Wagner gewürdigt wurde; für diese bis zum 23. Juli 1995 laufende Ausstellung hatte Klaus Zehe einige seinen Großvater betreffende Exponate zur Verfügung gestellt.

Neun Jahre später, am 7. November 2004, ist an Originalschauplätzen des Konzentrationslagers die Dauerausstellung „Medizin und Verbrechen – Das Krankenrevier des KZ Sachsenhausen 1936 – 1945" eröffnet worden. An der Eröffnungsfeier haben neben vielen anderen Gästen meine Frau und ich, der Bruder meiner Frau Hans-Peter Mildebrath mit Ehefrau, Klaus Zehe und weitere Nachfahren Siegfried Wagners teilgenommen. In den Unterlagen von Klaus Zehe befindet sich ein bis November 2019 befristeter Dauerleihvertrag, unterzeichnet Ende März/Anfang April 2004, für diese Ausstellung, der sich neben anderen Exponaten auch auf die in Kapitel VIII erwähnte Dose erstreckt, in der die Uhr, der Ehering und zwei Orden von Siegfried Wagner seiner Witwe nach dessen Tod übersandt worden waren. Ich habe die Dauerausstellung im November 2023 erneut besucht. Die Exponate befinden sich weiterhin dort; der Dauerleihvertrag ist offensichtlich (stillschweigend) verlängert worden.

Wenige Monate vor der Ausstellungseröffnung, am 28. März 2004, wurde auf dem Gelände des Konzentrationslagers eine Stele zur Erinnerung an die dort im Zusammenhang mit dem 20. Juli 1944 ums Leben gekommenen

Personen enthüllt. Einzelne Persönlichkeiten werden im Text der Stele nicht genannt. Die Finanzierung dieser Stele erfolgte durch die Angehörigen. Die Enthüllung der Gedenktafel nahm in Gegenwart vieler Gäste, unter denen auch ich war, Klaus Zehe als der älteste Enkel einer der zu ehrenden Personen vor.

Eineinhalb Jahre später ist dicht neben der oben erwähnten Stele ein weiterer Gedenkstein enthüllt worden, auf dem die Namen von sechs Männern, die in den Umsturzversuch vom 20. Juli 1944 involviert waren, eingraviert sind. Alle sechs Männer sind entweder im KZ Sachsenhausen hingerichtet worden oder dort ums Leben gekommen oder aufgrund der im Lager erlittenen Misshandlungen bzw. Entbehrungen verstorben. Einer der Männer ist Siegfried Wagner, ein weiterer Hans von Dohnanyi, der – schwer erkrankt – in einem Scheinverfahren am 6. April 1945 zum Tode verurteilt und am 9. April 1945 (13 Tage vor der Befreiung des Lagers durch die Rote Armee) im Konzentrationslager erhängt worden ist. Den Gedenkstein hat sein Sohn Klaus von Dohnanyi, der langjährige Bürgermeister von Hamburg, in einer Feierstunde am 25. September 2005 enthüllt. Auch hier haben sich die Angehörigen an den Kosten für die Erstellung des Gedenksteines beteiligt.

Es hat recht lange gedauert, bis man sich in Potsdam schließlich daran erinnert hat, dass Siegfried Wagner, einer der Verschwörer vom 20. Juli 1944, in der Kurfürstenstraße 19 seinen letzten Wohnsitz hatte. Am 19. Juli 2011 fand dort – erstmals, soweit ich weiß – eine Gedenkveranstaltung auf dem Bürgersteig vor dem Wohnhaus statt. Neben anderen Gästen waren meine Frau und ich sowie unser Sohn Robert, einer der Urenkel von Siegfried Wagner, anwesend. Die damalige CDU-Politikerin Katharina Reiche äußerte sich u. a. so:

„Auch wenn die Männer und Frauen des Widerstandes nicht exakt die Staatsauffassung geteilt haben würden, die fünf Jahre später im Grundgesetz zum Ausdruck kam, so ist doch unzweifelhaft, dass ihre Ideale seine Grundlage bildeten."

Dr. Axel Smend, seinerzeit Vorsitzender des Kuratoriums der Stiftung 20. Juli 1944, würdigte in seiner Ansprache Siegfried Wagner ausführlich. Zum Scheitern des Attentats und des Umsturzversuches führt er aus

„Es war zwar erfolglos, aber nicht vergeblich. ...Männer wie Siegfried Wagner handelten und starben für ein besseres Deutschland. Sie haben uns eine andauernde Pflicht auferlegt. Nämlich den Auftrag, kritisch und aufmerksam zu sein, sowie sich mutig zu engagieren."

Auch nach dieser Veranstaltung dauerte es noch weitere drei Jahre, bis an dem früheren Wohnhaus von Siegfried Wagner endlich eine bescheidene Gedenktafel angebracht worden ist. Dem Vernehmen nach hatten der Eigentümer der Immobilie, die als Ärztehaus genutzt wird, und möglicherweise auch die dort praktizierenden Ärzte als Mieter

Bedenken, dass eine Gedenktafel zu Schmierereien von welcher Seite auch immer führen könnte. Wenn dem so gewesen sein sollte, kann ich das nur als traurig bezeichnen! Wenige Tage vor dem 20. Juli 2014, mithin 70 Jahre nach dem gescheiterten Attentat, wurde in einer kleinen Zeremonie die Gedenktafel enthüllt.

Auf einer Gedenktafel kann selbstverständlich nur ein sehr knapper Text Platz finden. Ich bin aber gleichwohl der Ansicht, dass ein Hinweis darauf, dass Siegfried Wagner als Oberst der Wehrmacht in die Attentats- und Umsturzpläne eingebunden war, angezeigt gewesen wäre. Damit wäre man seiner Persönlichkeit wirklich gerecht geworden. Meine Schwiegermutter, die älteste Tochter von Siegfried Wagner, hatte seit der Wiedervereinigung den innigen Wunsch, dass am ehemaligen Wohnhaus ihres Vaters eine Gedenktafel angebracht würde. Sie hat die Verwirklichung dieses Wunsches nicht mehr erlebt, da sie im Dezember 1995 verstorben ist.

Ein anderer Wunsch meiner Schwiegermutter ist in Erfüllung gegangen. Nach der Wiedervereinigung war die Potsdamer Grabstelle, die ihre Schwester Ruth-Felicitas (Hotta) im Sommer 1944 erworben hatte und auf die Siegfried Wagner noch im August 1944 umgebettet worden war, wieder ohne bürokratischen Aufwand frei zugänglich. Und so konnte sie dort auf der Familiengrabstätte neben ihrem Vater, ihrer Mutter und ihrem Ehemann ihre letzte Ruhestätte finden.

X

Schlussbetrachtung

Aus dem Lebensweg von Siegfried Wagner, den möglichst umfassend darzulegen ich mich in diesem Buch bemüht habe, wird deutlich, dass er eine sehr konservative Grundeinstellung hatte. Die Zeit, in die hinein er geboren worden ist, die Erziehung, die er in seinem bürgerlichen Elternhaus genossen hat, die geopolitischen Bedingungen, unter denen er in Westpreußen aufgewachsen ist, und schließlich auch seine Berufswahl haben eine entsprechende Persönlichkeit reifen lassen. Begriffe wie Ehre, Treue, Vaterlandsliebe, Nationalstolz, Pflichterfüllung und auch – zwangsläufig in seinem Beruf als Offizier – die Prinzipien von Befehl und Gehorsam waren für ihn sehr bedeutungsvoll. Wenn man das Wort „reaktionär" nicht negativ bewertet, sondern auf seinen Ursprung (lat. „reactio" = Zurückführung) beschränkt, war Siegfried Wagner jedenfalls in den ersten Jahren nach dem verlorenen Krieg 1914/1918 als reaktionär zu bezeichnen. Er hielt den Versailler Vertrag (wie so viele nicht nur seiner Altersgenossen) für eine inakzeptable Knebelung Deutschlands, er misstraute zutiefst den von ihm so eingeschätzten aggressiven Tendenzen des jungen polnischen Staates, er lehnte die Weimarer Republik ab und trauerte der Monarchie nach. Möglicherweise lag letzteres auch daran, dass er persönliche Beziehungen zum Hause Hohenzollern pflegte. Meine Frau berichtete mir (exakt kann ich mich nicht erinnern), dass ihr Großvater entweder mit einigen der sechs Söhne von Kaiser Wilhelm Skat gespielt habe oder moniert habe, dass sie dieses Spiel nicht beherrschten. Es gab auch weitere gesellschaftliche

Kontakte zum Hause Hohenzollern. Noch 1938 erhielten er und seine Frau

„im Auftrage Ihrer kaiserlichen Hoheit, der Frau Kronprinzessin"

eine Einladung zum Tee ins Schloss Cecilienhof in Potsdam.

Hans-Peter Mildebrath, der siebente Enkel von Siegfried Wagner, schätzt seinen Großvater ähnlich wie ich ein. In einem Schreiben vom 22. Mai 2020 an seine Enkel äußert er sich so:

„Sicherlich war mein Großvater konservativ und wollte das Kaiserreich offensichtlich wieder in Deutschland sehen und sicherlich war er deswegen nicht ein Anhänger der Weimarer Republik, sondern wollte diese beseitigen."

Diese Haltung hat sich in den Umsturzplänen der Männer um Graf Stauffenberg, in die Siegfried Wagner umfassend eingebunden war, so jedoch nicht wiedergefunden. Im Falle eines Erfolges sollte der in der Politik als ehemaliger langjähriger Oberbürgermeister von Leipzig erfahrene Carl Friedrich Goerdeler Reichskanzler werden, während Generaloberst a. D. Ludwig Beck zum Staatsoberhaupt ernannt werden sollte; an den Grundprinzipien der Weimarer Republik sollte also nicht gerüttelt werden. An eine Wiedereinführung der Monarchie war nicht gedacht.

Im Gegensatz zu einigen anderen Männern des 20. Juli, auch im Gegensatz zu Stauffenberg, stand Siegfried Wagner schon vor der Ernennung von Hitler zum Reichskanzler diesem und seiner Politik sehr skeptisch, ja ablehnend gegenüber (vgl. meine Ausführungen in den Kapiteln V und VII). Aber wie kam es nun, dass aus seiner Ablehnung die Bereitschaft zum Aufstand, zum Umsturz, ja zur Tötung des Staatsoberhauptes, wurde? Das waren Einstellungen und Verhaltensweisen, die Siegfried Wagner nach seiner Erziehung und seinem Werdegang eigentlich zutiefst fremd waren und ihm verabscheuungswürdig erscheinen mussten. Die Bereitschaft zu diesem Tun kann – so vermute ich – letztlich nur an seinem ausgeprägten Gewissen, gepaart mit erheblichem Mut und mit Vaterlandsliebe, gelegen haben. Er wusste, wie auch die Mitverschwörer aus der Wehrmacht, dass der Krieg verloren war. Er wusste, dass von der deutschen Staatsführung an den Juden ein in der Geschichte der Menschheit wohl beispielloses Unrecht in Form von organisiertem Massenmord begangen wurde. Beides ergibt sich aus den Aufzeichnungen seiner Tochter Ruth-Felicitas über das Gespräch zu Pfingsten 1944 auf dem Gut Dietrichsdorf (vgl. Kapitel VII). Die Massenmorde an den Juden sind in den Kreisen des Widerstandes vermutlich allgemein bekannt gewesen. So hat Helmuth James Graf von Moltke, der Begründer des Kreisauer Kreises, in einem Brief vom 10. Oktober 1942 an seine Frau Freya (die ich bei einer Tagung im Jahre 2001 noch kennenlernen durfte) von der „Verarbeitung" (Ermordung) von täglich 6000 Menschen im Hochofen berichtet (vgl. ein Artikel im „Tagesspiegel" vom 16. Oktober 2023). Zwischen dem zivilen Widerstand des Kreisauer Kreises und dem militärischen Widerstand um Stauffenberg gab es vielfältige Kontakte, bei denen sich die beteiligten Personen auch über die von der Staatsführung begangenen oder angeordneten Verbrechen ausgetauscht haben werden.

Das Kernmotiv des militärischen Widerstandes war die Beendigung des aussichtslosen Krieges. Nun wenden manche Historiker ein, das sei viel zu spät gewesen, Hitler hätte schon viel früher beseitigt werden müssen (was im Übrigen mehrfach, wenn auch leider jeweils vergeblich, versucht worden ist). Es dürfte feststehen, dass die Alliierten im Juli 1944 auch bei einem gelungenem Umsturz von ihrer Forderung nach bedingungsloser Kapitulation Deutschlands (von den Westalliierten zu Beginn des Jahres 1943 auf der Konferenz von Casablanca beschlossen; die Sowjetunion schloss sich dieser Forderung zu einem späteren Zeitpunkt an) nicht abgegangen wären. Diese bedingungslose Kapitulation als Folge einer erfolgreichen Verschwörung wäre hinzunehmen gewesen. Den Kritikern an dem späten Handeln der Verschwörer sei entgegengehalten, dass nach wissenschaftlichen Untersuchungen (etwa von dem aus ZDF-Sendungen bekannten renommierten Historiker Guido Knopp sowie von Harald Sandner in dem Buch „Hitler – das letzte Jahr") in den neuneinhalb Monaten vom 20. Juli 1944 bis zum Kriegsende am 8. Mai 1945 genauso viele deutsche Kriegsopfer (Soldaten und Zivilisten) zu beklagen waren wie in den fast fünf Jahren seit Kriegsbeginn. Angesichts von etwa sechs Millionen deutschen Opfern (insgesamt hat der zweite Weltkrieg die geradezu unvorstellbare Zahl von mindestens 60 Millionen Toten gekostet) hätten möglicherweise drei Millionen Leben allein auf deutscher Seite gerettet werden können. Zwar sind hypothetische Abläufe kaum einzuschätzen, aber die mögliche Rettung von Millionen Soldaten und Zivilisten, die Beendigung der Massenmorde an den Juden, die Beendigung der Bombardierungen der deutschen Städte, möglicherweise auch die Verhinderung des mitunter brutalen Vorgehens mancher Soldaten der Roten Armee in Ostpreußen, Schlesien, Hinterpommern, Brandenburg und Berlin gegenüber der Zivilbevölkerung, zeigen in aller Deutlichkeit, dass der Umsturzversuch vom 20. Juli 1944 zwar spät, aber nicht zu spät erfolgte. Bei sofortiger Beendigung der Kampfhandlungen wären auch die Leben vieler Soldaten der Alliierten verschont geblieben. Allein die Rote Armee hat in den letzten Wochen des Krieges in der Schlacht bei den Seelower Höhen und im Endkampf um Berlin weit mehr als 80.000 Soldaten verloren.

Für die ganz überwiegend konservativen, grundsätzlich staatstragenden Offiziere der Wehrmacht war es ein ungeheuer schwerer Schritt, unter Zurücklassung ihrer Prinzipien, unter Außerachtlassung des von den meisten auf den „Führer" geleisteten Eides, und seinerzeit auch gegen den Willen der Mehrheit der deutschen Bevölkerung, die Tötung Adolf Hitlers und den Umsturz anzugehen und den Versuch zu machen, beides in die Tat umzusetzen. Ohne dass ich im Geringsten den Widerstand der Kommunisten und Sozialdemokraten geringer schätzen will, war es doch für diesen Personenkreis, der von Anfang an und auch schon vor dem 30. Januar 1933 Hitler bekämpft hatte, möglicherweise etwas leichter, sich zur – zumindest inneren – Gegnerschaft zu bekennen. Der Schritt zum tatsächlich praktizierten Widerstand, der für alle, die ihn wagten, mit akuter Lebensgefahr verbunden war und den viele auch mit dem Tod bezahlt haben, war für alle Personen in gleicher Weise extrem schwierig, zumal er auch immer mit einer erheblichen Gefährdung der eigenen Angehörigen verbunden war.

Was bedeutet nun die Erinnerung an den Umsturzversuch von 20. Juli 1944, der sich bald zum achtzigsten Mal jährt, für uns heute? Beschränkt sich die Erinnerung auf ein ehrendes Gedenken an mutige Männer, die bei dem Versuch, die Terrorherrschaft der Nationalsozialisten zu beenden, ihr Leben verloren haben? Oder hat die Erinnerung auch für uns Nachgeborene und unser Verhalten in der Gegenwart eine Bedeutung? Seit Jahren ist weltweit festzustellen, dass in grundsätzlich demokratisch verfassten Staaten nationalistische und populistische Politiker auf dem Vormarsch sind. Ohne Anspruch auf Vollständigkeit nenne ich Trump, Bolsonaro, Orban, Kaczynski, le Pen, Meloni, Erdogan, auch Netanjahu, alles Politiker, die an der Macht sind, an der Macht waren oder (wieder) an die Macht kommen wollen und die demokratische Rechte gering schätzen, den Rechtsstaat beschneiden wollen, Einfluss auf die Justiz nehmen und vermeintliche nationale Interessen ihrer Länder zulasten einer fruchtbaren internationalen Zusammenarbeit in den Vordergrund ihrer Aktivitäten stellen. Von den autoritär-diktatorisch geführten Staaten (Russland, Weißrussland, China, Nordkorea, Syrien, Saudi-Arabien und viele mehr) will ich hier gar nicht sprechen. Auch in Deutschland gibt es besorgniserregende Tendenzen; der durch den mörderischen Angriff der Hamas ausgelöste dramatische Nahost-Konflikt des Herbstes 2023 macht erschreckend deutlich, dass es bei uns sowohl in Teilen der muslimischen, insbesondere der arabischstämmigen Bevölkerung, als auch unter den schon immer hier lebenden Deutschen antisemitische Tendenzen und sogar Straftaten gibt. Die in einigen ihrer Positionen und Personen rechtsradikale AfD erlebt einen Höhenflug, sie hat in vielen Bundesländern mit ihrer die Angst der Bevölkerung schürenden Rhetorik die „altehrwürdige" SPD zumindest in Umfragen schon überholt. Das mag zum Teil auch daran liegen, dass Probleme, um die sich die Bevölkerung Sorgen macht, von der Politik nicht wirklich gelöst werden; ich denke da in erster Linie an die zu lange vernachlässigte Migrationspolitik.

Diese bedenklichen Entwicklungen der letzten Zeit machen deutlich, dass die Demokratie – eine aus hoffentlich nicht nur meiner Sicht alternativlose Staatsform – immer wieder neu erarbeitet, mit Leben erfüllt und gegen ihre Feinde verteidigt werden muss. Die Mütter und Väter unseres Grundgesetzes haben ja aus den Fehlern der Weimarer Reichsverfassung gelernt und im Grundgesetz die „wehrhafte Demokratie" festgeschrieben, etwa durch das in Artikel 20 Abs. 4 GG festgeschriebene Widerstandsrecht für den Fall, dass die freiheitlich-demokratische Grundordnung angegriffen wird und andere Abhilfe nicht möglich ist. Wir alle sind aufgefordert, stets wachsam zu sein, Angriffe von rechts und links auf unsere liberale Ordnung zu erkennen und ihnen wirksam entgegenzutreten. Das ist für uns so viel einfacher, als es das seinerzeit für die Männer des 20. Juli 1944 und alle anderen Widerstandskämpfer war. Wir riskieren nicht unser Leben, wenn wir auf Missstände und Gefahren hinweisen und uns für unsere demokratischen Rechte einsetzen.

Wenn wir diese Lehren aus dem 20. Juli 1944 ziehen und entsprechend handeln, sind Männer wie Siegfried Wagner nicht vergeblich gestorben.

Helmut Schweckendieck, geboren 1952 in Berlin (West), verbrachte mit Ausnahme einiger Studiensemester, die er in Marburg an der Lahn absolvierte, sein gesamtes bisheriges Leben in der ehemals geteilten Hauptstadt. Nach dem Jurastudium und der Referendarzeit war er ab 1979 bei der Berliner Justiz beschäftigt. Zur Zeit des Mauerfalls arbeitete er für einige Jahre im Landesjustizministerium. Von 1991 bis zu seiner Pensionierung im Frühjahr 2017 leitete er als Vorsitzender Richter eine Große Strafkammer beim Landgericht Berlin.

Im Frühjahr 1982 heiratete er Gesa-Mariette Schweckendieck, geb. Mildebrath, eine Lehrerin. Nach 33 gemeinsamen Jahren verstarb die Ehefrau im Sommer 2015 im Alter von 63 Jahren. Das Paar hat einen 1983 geborenen Sohn, der in Berlin als Rechtsanwalt tätig ist. Seit 2017 hat der Autor in seiner ehemaligen Kollegin Gisela Hampel eine neue Lebensgefährtin.

Nach der Pensionierung hat Helmut Schweckendieck als neues Hobby das Schreiben entdeckt. Zwei seiner Bücher beschäftigen sich mit seiner beruflichen Tätigkeit. In „Der tote Richter" schildert der Autor die spannendsten Fälle aus seiner langen Richterlaufbahn; über die von ihm nach der Vereinigung 1990 geleiteten „Mauerschützenverfahren" und auch die Verfahren gegen Honecker und Krenz berichtet er anschaulich in „Der Tod an der Grenze". In zwei weiteren Büchern mit den Titeln „Gute Antwort, Tasse Kaffee hinterher" und „Das Haus am Ilsensteinweg" erzählt er überwiegend amüsant, teilweise auch ernst, Episoden aus seinem Leben.

Für ihn literarisches Neuland betritt der Autor mit der vorliegenden Biographie über Siegfried Wagner. Erstmals schreibt er nicht über selbst Erlebtes, sondern widmet sich nach intensivem Studium der vorhandenen Unterlagen dem Leben des Großvaters seiner Ehefrau. Dieser war als Oberst der Wehrmacht in die Attentats- und Umsturzpläne von Stauffenberg eingebunden und verlor wenige Tage nach dem 20. Juli 1944 im Konzentrationslager Sachsenhausen sein Leben.